Eduard Sievers

Zur Akzent und Lautlehre der germanischen Sprachen

Eduard Sievers

Zur Akzent und Lautlehre der germanischen Sprachen

ISBN/EAN: 9783743695788

Hergestellt in Europa, USA, Kanada, Australien, Japan

Cover: Foto ©Thomas Meinert / pixelio.de

Weitere Bücher finden Sie auf **www.hansebooks.com**

ZUR

ACCENT- UND LAUTLEHRE

DER GERMANISCHEN SPRACHEN

VON

EDUARD SIEVERS.

SONDERABDRUCK AUS DEN BEITRÄGEN ZUR GESCHICHTE DER DEUTSCHEN SPRACHE UND LITERATUR. BD. IV. V.

HALLE A/S.

MAX NIEMEYER.

1878.

VORWORT.

Den ausgangspunkt für die folgenden untersuchungen bildete eine prüfung des auf die behandlung kurzer vocale der schlusssilben bezüglichen teiles der germanischen auslautsgesetze. Das resultat dieser prüfung war die überzeugung, dass die bisherige formulierung dieser gesetze, wie sie durch Westphal und Scherer insbesondere aufgestellt und gegen die einwendungen namentlich, auch skandinavischer gelehrter festgehalten worden ist, nicht stichhaltig sei, sondern dass man fast überall erhaltung der kurzen schlusssilbenvocale bis über die zeit der trennung der einzelnen germanischen sprache von einander hinaus zu statuieren habe. Die darlegung dieses verhältnisses möchte ich als den hauptzweck der abhandlung bezeichnen. Um aber für sie einen gesicherteren boden zu gewinnen, musten zuvor noch einige damit im innigsten zusammenhange stehende vorfragen, nach der accentverteilung und der behandlung unbetonter mittelvocale in mehrsilbigen wörtern, erledigt werden. Der umstand dass nach diesen voruntersuchungen das in frage kommende material zum grossen teil unter bisher nicht oder nicht genügend berücksichtigten gesichtspunkten gruppiert werden muste, brachte es notwendigerweise mit sich, dass die darstellung sich vorwiegend mehr der klarlegung des neuen als der bekämpfung der älteren ansichten zuzuwenden hatte. Ich bitte den mangel einer eingehenderen polemik nur aus diesem gesichtspunkte zu beurteilen; ich glaube auch nicht, dass man sie ernstlich vermissen wird, denn mit der annahme oder nichtannahme der von mir gegebenen grundprincipien steht oder fällt das ganze gebäude der hier vorgetragenen untersuchungen, wie umgekehrt das der gegenteiligen ansichten, ohne dass eine auseinandersetzung über alle einzelheiten erforderlich wäre.

Ursprünglich für eine zeitschrift geschrieben und inmitten drängender grösserer arbeiten entstanden, müssen die folgenden blätter auch noch nach einer andern seite hin die nachsicht des lesers in anspruch nehmen. Sie geben nicht überall abgeschlossene untersuchungen, über manches muste ich nach dem stande meiner jetzigen kenntnisse flüchtiger hinweggehn, als mir selbst lieb war. Möge man diesen umständen die ungleichheit der darstellung zu gute halten, die man einem planmässig angelegten buche nicht verzeihen dürfte.

Endlich muss ich, mit bezug auf gewisse ausdrücke namentlich des letzten teiles der untersuchung wol der deutlichkeit halber bemerken, dass ich zwar im princip vollständig auf dem boden der ansichten Johannes Schmidt's über sprachliche verwandtschaftsverhältnisse stehe, dass wir aber meines erachtens für die germanischen sprachen vielfach doch nicht über historisch zu constatierende sprachtrennungen hinauskommen.

JENA, 22. Sept. 1877.

E. Sievers.

ZUR ACCENT- UND LAUTLEHRE DER GERMANISCHEN SPRACHEN.

1. Das tieftongesetz ausserhalb des mittelhochdeutschen.

Eine eingehendere untersuchung der betonungsverhältnisse der ableitungs- und flexionssilben in den germanischen sprachen ist bisher nicht geführt worden, vielleicht zum teil deswegen, weil das praktische interesse an der sache fehlte. Für die begründung gewisser elementarer gesetze der alt- und mittelhochdeutschen grammatik genügten die aus den metrischen untersuchungen Lachmanns gewonnenen resultate über die lagerung von hoch- und tiefton; aber die begründung dieser gesetze war nicht das eigentliche ziel, dem sich jene untersuchungen zuwandten; es galt viel mehr metrische fragen zu beantworten als rein sprachliche. Da nun aber ausser dem mittelhochdeutschen nur noch das althochdeutsche eine literatur aufzuweisen hatte, innerhalb deren jene metrischen fragen auftraten und aus der sie eine beantwortung finden konnten, so schränkte man die untersuchung im ganzen auf diese beiden sprachen ein und gab sich um so eher zufrieden, als man in beiden wesentlich dieselben gesetze wahrzunehmen glaubte. Zur aufhellung grammatischer, lautgeschichtlicher fragen wurden diese gesetze gelegentlich da herbeigezogen, wo man auch ausserhalb des hochdeutschen bequem von ihnen gebrauch machen konnte, aber gewis vielfach ohne dass man sich von der tragweite dieser anwendung klare rechenschaft gab. Wer z. b. die verschiedenheit von got. *harjis, halrdeis* oder *nasjis, sôkeis* mit berufung auf das mhd. tieftongesetz erklärte, ist da-

bei, bewust oder unbcwust, von dem·satze ausgegangeu, dass
diese augenscheinliche übereinstimmung zwischen gotisch und
hochdeutsch dem tieftongesetz gemeingermanische geltung
sichere. Ueber widersprechende erscheinungen gieng man leicht
genug hinweg, z. b. den ausfall 'tieftoniger' vocale im gegensatz zu 'unbetonten', wie er sich in den westgermanischen
sprachen besonders oft zeigt (ags. *word : fatu, âr : gifu*; alts.
uuord : fatu; ags. *hŷrde : nerede*, alts. *hôrda : nerida*, alth. *hôrta
: nerita* u. s. w.). Man mag eben, wenn man sich überhaupt
die frage nach dem alter und der ausdehnung des tiefton-
gesctzes je bestimmt genug gestellt hat, durch das präsumierte
hohe alter des germanischen hochtongesetzes zur annahme der
allgemeinen gültigkeit auch des tieftongesetzes als einer ge-
wissermaassen natürlichen oder doch einer 'dem germanischen
sprachgeiste' entsprechenden consequenz des hochtongesetzes
getrieben worden sein.

Seit nun aber die bahnbrechenden untersuchungen von
Karl Verner (Ztschr. f. vergl. sprachf. XXIII, 97 ff.) erwiesen
haben, dass das hochtongesetz erst eine relativ junge erscheinung des germanischen sprachlebens ist, und da es nunmehr
nicht nur eine der lockendsten, sondern auch notwendigsten
aufgaben der forschung für die nächste zeit ist, die consequenzen der neuen anschauungsweise bis ins einzelne zu durch-
forschen, so muss sich die frage nach dem alter, der gültigkeit und den wirkungen des tieftongesetzes unabweisbar einem
jeden aufdrängen, der das bedürfnis fühlt, den wandlungen
der sprache nicht nur auf dem papiere nachzugehen, sondern
sie in ihrem natürlichen zusammenhang und ihrer abhängig-
keit von natürlichen principien zu begreifen. Als ein beitrag
zur lösung dieser fragen oder wenigstens als anregung zu
weiterer forschung werden, so hoffe ich, auch die folgenden
bemerkungen willkommen sein, wenngleich sie nur als ein
erster ansatz zum eindringen in dieses schwierige gebiet der
forschung zu betrachten sind, der um so mangelhafter ausfallen
muste, je weniger das zu grunde liegende material überall
sichere schlüsse gestattete, und dessen resultate vielfach um so
weniger glaubhaft erscheinen mögen, als unsere allgemeinen
anschauungen über das wesen des accentes noch nicht soweit
geklärt sind, dass eine schriftliche verständigung in jedem

falle möglich wäre.[1]) Ich glaube übrigens bei dieser gelegenheit noch hervorheben zu sollen, dass das letztere bedenken, mehr zu geben, als einem jeden leser dieser zeilen, ohne vorausgehende eigene beobachtungen über accent im allgemeinen, verständlich sein würde, für mich vielfach den ausschlag dafür gegeben hat, eingehendere, rein physiologische darlegungen zu unterdrücken und mich mehr auf dem boden der sprachlichen, d. h. hier der auch zu graphischer darstellung gebrachten tatsachen zu halten, obschon ich mich dadurch oft genug eines in seinem zusammenhange vollwichtigen argumentes begeben muste.

Ehe ich mich zum gegenstande selbst wende, muss ich zuvor noch einige punkte kurz erörtern, die, mehr allgemeiner natur, doch zur sicherung der grundlagen unserer untersuchung unentbehrlich sind, übrigens auch unter einander in nahem zusammenhange stehen.

---

[1]) Wie wenig man hier vor misverständnissen geschützt ist, möge ein irrtum eines der scharfsinnigsten und sorfältigsten forscher auf dem gebiet der accentlehre zeigen, den ich mir hier zu berichtigen erlaube. L. Masing bemerkt in seinem ausgezeichneten buche über die hauptformen des serbisch-chorvatischen accents (S. Petersburg 1876) s. 47 anm. 2 über meine nach seiner ansicht misverständliche auffassung von Kurschats beschreibung des litauischen geschliffenen accentes: 'Dass hier [in meiner lautphysiologie s. 116 f.] rücksichtlich dieses litauischen accents nicht etwa eine selbständige beobachtung neben und im gegensatz zu Kurschat, sondern im wesentlichen des letzteren lehre selbst oder doch die ihr zu grunde liegenden phänomene in aller kürze dargestellt werden sollen, ergibt sich aus des verfassers ausdrücklicher berufung auf Kurschat sowie daraus, dass sonst an dieser stelle durchaus kein beabsichtigter gegensatz gegen letzteren hervortritt'. Dagegen habe ich nur zu bemerken, dass ich auf p. V meines buches ausdrücklich gesagt habe, dass ich nur selbstbeobachtetes gebe, wo nicht das gegenteil speciell angegeben wird, und das gilt auch für den lit. accent; zweitens aber, dass weder auf s. 116 f. noch überhaupt in meinem buche Kurschat genannt oder angezogen ist. Denn dass ich, in übereinstimmung mit ihm, das griech. zeichen und den namen 'geschliffener accent' für den circumflex (und nicht nur im litauischen) verwendet habe, dürfte doch schwerlich als 'ausdrückliche berufung' charakterisiert werden, wenn es auch Masings irrtum erklärt. Gegen Kurschat zu polemisieren lag durchaus kein grund vor, da weder die tendenz meines buches eine polemische war noch sein konnte, noch auch, meiner meinung nach, ein unvermittelbarer gegensatz zwischen Kurschats angaben und meinen beobachtungen besteht.

Der erste punkt betrifft das verhältnis der beiden haupt-
quellen, aus denen wir die kenntnis von der lagerung des
accents schöpfen, der metrischen und der lautgeschichtlichen.
Die art, wie die erstere quelle verwendet wird, ist bekannt
genug, als hauptgesichtspunkt bezüglich der verwertung der
zweiten ist ebenso selbstverständlich die grössere oder geringere
veränderung oder schwächung resp. die früher oder später her-
vortretende neigung zu solcher als kriterium für das einstige
vorhandensein geringerer oder grösserer grade der accenthervorhebung aufzustellen.

Nun zeigt die erfahrung sehr bald, dass sehr oft die verschiedenen quellen verschiedene resultate ergeben. Das mhd.
sælde führt z. b. nach allen sonstigen analogien auf ein ahd.
sā′lidà zurück, denn es wäre unerklärlich wie aus einem *sā′-
lida* der höher betonte vocal *i* eher ausfallen konnte als das
minder betonte schluss-*a*. Dieses *sā′lida* liegt uns aber in un-
zweifelhaften otfridischen versen als eine im abd. mögliche
betonungsform vor (vgl. u. a. Lachmann, über ahd. betonung
und verskunst 266 (32) = kl. schriften I, 390). Einen fall
anderer art zeigen betonungen wie *uuā′fàne* (s. ebenda); hier
ist das tieftonig gebrauchte *a* erst speciell althochdeutsche entwicklung, gemeingermanisch müste notwendig der schlussvocal
den tiefton getragen haben (doch vgl. weiter unten). Glücklicherweise ist hier die frage leicht zu entscheiden, welcher
quelle die grössere autorität zuzuschreiben ist. Die antwort
lautet: der lautgeschichtlichen. Denn die sprache, d. h.
die nicht nach metrischen bedürfnissen oder zu literarischem
gebrauche umgemodelte volkssprache, zeigt überall consequenz
der entwicklung. Nirgends findet sich ein mhd. **sælède* oder
dergleichen, während Otfrids *sā′lidà, uuā′fànè* neben seinem
sā′lida, uuā′fàne eine inconsequenz der betonung aufweist, die
klärlich ihren grund in metrischen bedürfnissen hatte, deren
existenz in der einfachen prosarede durch kein directes zeugnis beglaubigt, vielmehr durch die lautgeschichtliche entwicklung geradezu widerlegt wird. Es besagt dies ja auch weiter
nichts anderes, als die in jeder modernen sprache überall zu
machende beobachtung, dass innerhalb gewisser grenzen der
hörer im verse von der strenge der wortbetonung zu gunsten
der erhaltung rhythmischer reinheit mit leichtigkeit absieht,

namentlich sobald es sich um den eigentlich sangbaren vers
handelt. Mein ohr empfindet z. b. nicht die geringste härte
bei einer betonung wie *mütīgĕ* in daktylischem oder anapästi-
schem oder *mü't'ge* in trochaischem verse oder *mü'tige* in versen
mit syncope der senkungen (selbst mit starkem ictus auf dem *i;*
er reitet so freúdig sein mútiges pférd u. dgl.), obwol ich in
prosa nur die betonung *mü'tigè* kenne (wie weit diese betonung
heutzutage allgemein ist, mag dahingestellt bleiben). Ich gebe
gern zu, dass wir vielleicht in beziehung auf die ausdehnung
solcher freiheiten abgestumpfter sind als unsere vorfahren,
aber die sache bleibt dieselbe, es kann sich nur um graduelle
unterschiede handeln.

Es ergibt sich hieraus für uns der satz: Wo versbetonung und die aus lautgeschichtlichen gründen zu er-
schliessende mit einander in widerspruch stehen, ist
die erstere stets die unursprünglichere, oder, mögliche
accentverschiebungen vorausgesetzt, wenigstens die der allgemeinen gleichzeitigen prosabetonung nicht entsprechende. Wir dürfen deshalb von den lediglich aus metrischen gründen sich ergebenden unregelmässigen betonungs-
formen bei der untersuchung der prosaaccente absehen.

Der zweite punkt betrifft eine genauere bestimmung des
begriffes 'tiefton'. Man darf darunter streng genommen nur
eine accentstufe verstehen, die zwischen dem hochton und der
unbetontheit mitten inne steht, d. h. ein glied aus einer reihe
von mindestens drei gliedern, sei es in der worteinheit oder
der dieser in mancher beziehung nahestehenden satz- oder
verseinheit. Man unterscheide dabei wieder den tiefton der
prosa von dem möglichen rhythmischen tiefton des verses, der
aber hier aus unserm gesichtskreise herausfällt. Ein zweisil-
biges wort, das eben nur zwei accentabstufungen hat, kann
also nur dann den tiefton in ultima tragen, wenn worte von
genau gleicher form in ultima eine deutlich davon unterscheid-
bare niedrigere tonstufe aufweisen. In einem worte wie ahd.
hôrta hat das *a* nicht notwendigerweise einen tiefton, ebensowenig wie wir einen solchen in nhd. *hörte* anzuerkennen
haben; man würde nur dann sagen können, die betonung sei
$\angle \, \smile$, wenn auch unabhängig von satz- und wortaccent wörter

von der betonnng $\perp$ $\cup$ vorkämen, etwa *e'ra*.[1]) Dass solche
verschiedenheiten auch im germanischen recht wol möglich
waren, lehrt eine einfache erwägung. Es darf doch wol als
sicher gelten, dass in dreisilbigen wörtern wie g. *nasida, hausida*
die letzte silbe eine andero tonstufe hatte als die zweisilbiger
wörter wie *blinda*. Ahd. *nerita* behielt die alte form und alte
betonung, d. h. den tiefton am schluss: *nérità; hausida* aber erscheint um eine silbe verkürzt; war diese, wie nicht anders
zu erwarten, unbetont, so muste auch hier die dritte ursprünglich oder doch jedenfalls vor der verkürzung des wortes den
tiefton haben. Während sich für g. *blínda,* ahd. *blinto* die existenz
eines tieftons in unserem sinne durch nichts erweisen lässt,
muss es wenigstens als sehr wahrscheinlich gelten, dass worte
wie *hő'rtà* aus **hő'rità* auch nach ihrer verkürzung noch den
wirklichen tiefton zeigten[2]), wodurch keineswegs ausgeschlossen
ist, dass sie später mit den von jeher zweisilbigen wörtern
durch das aufgeben des tieftons in der accentuierung zusammengefallen seien. Diesen zustand der ausgleichung muss man
jedenfalls schon dem mittelhochdeutschen, vielleicht schon dem
althochdeutschen unserer denkmäler zuschreiben. Wenigstens
wüste ich nicht, welche gründe im mhd. für eine unterscheidung der *e* in den schlusssilben zweisilbiger wörter bezüglich
des accentes angeführt werden könnten; auch metrisch sind die

---

[1]) Um sich dies zu veranschaulichen, denke man an die unterscheidung unserer tonlosen endsilben von denen des schwedischen in fällen
wie *kàllà, gàtà,* oder den serbischen zweisilbenaccent in fällen wie *vódà*
neben *vódu,* worüber näheres bei Verner a. a. o. 115 anm. 1 und besonders bei Masing a. a. o.; nur beachte man dabei, dass die dort gegebenen verhältnisse keineswegs die einzig möglichen sind, noch dass sich
die slawischen beispiele mit den schwedischen decken; es soll hier eben
nur auf die ganz verschiedenartige behandlung zweisilbiger wörter im
accent hingewiesen werden. Am ehesten lässt sich wenigstens für
mitteldeutsche ohren die unterscheidung tieftoniger und unbetonter
endung an fällen wie thüringisch-sächsisch *dū, hèrè! so hèrc dóch!* (du,
höre! so höre doch!) klar machen. Freilich hängt hier die unterscheidung vom satzaccent ab, aber dessen gesetze gelten mutatis mutandis
ja auch vom wortton.

[2]) Ich will wenigstens an die möglichkeit erinnern, dass die be-
kannte quantitätsverschiedenheit zwischen *na'mi* uud *neritì*, *scöltì* (Braune,
Beiträge 11, 136 ff.) sich so erklärte. [So jetzt auch Paul, Beitr.IV, 425.]
Darf man auch die alem.-fränk. *-tòm, -tòt, -tòn* herbeiziehen?

e von *hôrte, blinde, tage* gleichwertig, da sie mit jedem andern
unbetonten *e* in der senkung verschleift werden können. Die
ictusfähigkeit der *e* von *hôrte, blinde* im gegensatz zu dem von
tage beruht nicht sowol direct auf der grössern accentstärke
der ersteren, als indirect auf der fähigkeit der stammsilben,
einen ganzen verstact auszufüllen.

Das resultat dieser betrachtung wäre: W i r h a b e n k e i n
r e c h t d i e e n d u n g s v o c a l e z w e i s i l b i g e r w ö r t e r i m m h d.
o d e r a h d. o h n e w e i t e r e s f ü r t i e f t o n i g z u e r k l ä r e n.
Für das mhd., wo man sich zu weiterer unterscheidung
durch die ausdrückte 'tonloses und stummes *e*' zu be-
helfen sucht, gilt für alle solche silben in prosa (man könnte
auch noch beifügen: in pausa) unbetontheit; fürs ahd. wäre
im einzelnen zu prüfen, ob unbetontheit o d e r tiefton anzusetzen ist.

Man wird mir entgegenhalten, dass alles dies einfach durch
die verschiedene behandlung der mhd. 'tonlosen' und 'stummen'
e bezüglich ihres eventuellen ausfalles widerlegt werde, die
nach dem von mir selbst oben angedeuteten princip auf accent-
verschiedenheiten hinweisen. Ich kann dagegen einstweilen
nur erwidern, dass einesteils bezüglich dieses punktes auch
noch ganz andere gesichtspunkte als die der endungsbetonung
in betracht kommen können (z. b. satzrhythmus, verschiedene
betonung der stammsilben und damit der silbenteilung, verschiedene fähigkeit benachbarter consonanten als silbenbildner
für den absorbierten vocal einzutreten u. dgl.), andernteils, dass
nicht in allen zeiten und sprachen dieselben motive gewirkt zu
haben brauchen (man erinnere sich z. b. nur der s. 523 gegebenen
ags. und alts. beispiele aus der declination). Alles weitere
hierüber wird der verlauf der untersuchung bringen.

Wenden wir uns nun unserer eigentlichen aufgabe zu, und
zwar zunächst der beantwortung der frage: W i e w e i t g e h t
d i e g ü l t i g k c i t d e s v o n L a c h m a n n f ü r d a s m h d. n a c h-
g e w i e s e n e n t i e f t o n g e s e t z e s d r e i u n d u n d m e h r s i l b i g e r
w ö r t e r i n d e n a l t g e r m a n i s c h e n s p r a c h e n?

Es konnte Lachmann selbst natürlich nicht verborgen
bleiben, dass schon im ahd. nicht alles seiner regel sich fügen
wollte, und wir würden wahrscheinlich schon länger über diese
frage zu festeren resultaten gelangt sein, wenn nicht die zweite

abhandlung über ahd. betonung und verskunst, in der er seine
einschlagenden untersuchungen dargestellt hat, bis in die neueste
zeit ungedruckt geblieben wäre. Sie steht jetzt in den kleineren
schriften I, 394 — 406. Lachmann selbst kommt dort zu dem
resultate, dass die unregelmässigkeiten des accents, welche die
zusammensetzung bewirkt, sich notwendig weiter erstrecken
müssen, weil oft die bildungen und selbst zuweilen die flexionen
für das sprachgefühl von nicht minderem gewicht als die zu-
sammensetzungen sind und mitunter sogar der grammatiker
über die richtige benennung im zweifel bleibt (s. 401). Weiterhin werden als solche endungen welche bei langsilbig anfangen-
den substantiven den tiefton erst auf die dritte silbe nehmen,
aus metrischen gründen angeführt -$\bar{a}$`ri, -nìssi, -ilī`n, -isàl, -ùnga
und -ìng, bei adjektiven -ìn, -ìg, -àg, -àr, -ìng, von verbis, mit
geringerer entschiedenheit, die auf -inō`n, -orō`n, -olō`n, -isō`n
u. dgl. Ich glaube diese einzelbeobachtungen zu dem allgemeinen
satze erweitern zu dürfen, dass alle an die wurzelsilbe
sich anschliessenden ableitungssilben von der form
‿ ‿ … ursprünglich die betonung ‿ ‿ … hatten
ohne rücksicht auf die quantität der wurzelsilbe;
dass es z. b. von anfang an ebensogut sā'lidà hiess wie sélidù,
ebenso rī'chisō`n wie kébisō`n. Am natürlichsten ist das bei
den wörtern mit 'irrationalem' vocal nach der wurzelsilbe, wie
wùntarō`n, zeichanèn, bei denen ja jener vocal in den meisten
unserer denkmäler noch fehlen kann (wùntrōn, zeihnen etc.),
beweis genug dass er nicht der accentträger gegenüber der
folgenden silbe gewesen sein kann. Aber auch für die, übrigens
nicht so sehr häufigen, formen mit ursprünglichem vocal an
jener stelle lässt sich die richtigkeit jenes satzes leicht erweisen,
teils durch die auffällige conservierung der vocale der danach
tieftonigen silben im mhd. (-ære, -nisse, -elìn, -esal, -unge, -ing,
-ìn), teils durch die möglichkeit des aufalles des unbetonten
mittelvocals. Dieser ausfall erscheint noch nach der ursprünglichen betonung geregelt bei nichtsonorem suffixinlaut,
also namentlich bei den endungen -ida, -isôn u. ä.; man vgl.
z. b. mhd. zierde, gebærde, urteilde, erbermde, gemeinde etc. (und
so schon bei Notker u. a.) == ahd. ziuridù, gibā'ridù, úrteilidù,
irbármidà, gimeinidù; oder mhd. rich(e)sen, gelich(e)sen, heilsen
== ahd. rī'chisō`n, gilī'chisō`n, heilisō`n. Vor allem gehört aber

zu den silben, welche notwendig den tieften auf sich ziehen
das *ta* der präterita der schwachen verba auf *ja*.[1]) Denn nur
so ist die im ahd. schon so früh eingetretene syncope des
mittleren *i* zu erklären [so jetzt auch Paul, Beitr. IV, 425; dass
nicht mit Scherer z. GDS 180 an analogiebildungen zu denken
ist, wird sich später ergeben]. Es ist übrigens wohl darauf
zu achten dass auch 2 silben nach der wurzelsilbe stehen
können ohne das *ta* seines accentes zu berauben; so gut wir
nämlich *hnáffazjàn* zu betonen haben (s. u.), müssen wir auch
hnáffazità als vorstufe von *hnáffaztà* ansetzen.

Gegen diese regel scheinen allerdings die mhd. formen
der wörter mit **sonorem suffixinlaut** zu sprechen. Nach
dem angesetzten ahd. *eichilà*, *zuï falô̄n*, *wùntarō̄n*, *wā̆ fanùn*
erwartet man mhd. **eichle*, **zwíflen* **wundren*, *wâfnen* statt der
üblichen *eichel*, *zwifeln*, *wundern*, *wâfen*. Aber dieser einwand
beweist nichts für das ältere ahd.; ein *zuï falō̄n* kann ja, wie
schon oben bemerkt wurde, deshalb nicht allgemein gewesen
sein, weil massenhaft nebenformen vom typus *zuîflôn* daneben
bestehen. Und auch von wörtern mit sicher zweisilbiger endung
liegen im mhd. noch einige zeugnisse vor welche die betonung
$\underline{\cdot}\; \cup\; \underline{\cup}$ sichern: namentlich mhd. *herre, erre, merre* = ahd.
hĕ̄r(i)rò, ĕ̄r(i)rò, mĕ̄r(i)rò. Die verschiebung des accents,
wenn eine solche überhaupt eingetreten ist, fällt also jedenfalls
sehr spät. Mir ist es übrigens nicht unwahrscheinlich, dass die
natur der sonoren suffixinlaute hier insofern begünstigend mit-
wirkte, als die *r*, *l*, *n* leicht als silbenbildner eintreten konnten.
Was hindert uns anzunehmen dass die mhd. *er*, *el*, *en* nichts
anderes als sonantisches *r*, *l*, *n* bezeichnen oder doch einmal
bezeichneten? Jedenfalls aber, und das ist das wesentlichste,
beweist eine form wie mhd. *eichel*, *wundern* ebensowenig gegen
die betonung $\underline{\cdot}\; \cup\; \underline{\cup}$, als solche wie mhd. *edel*, *veter* gegen ahd.
édili, *fétirò*, deren betonung noch niemand hat anzweifeln
können (man vgl. hierzu noch Paul, Germ. XX, 108).

Unsere regel ist aber noch einer beträchtlichen erweiterung
fähig. Auch eine anzahl formen mit **langer erster silbe**

---

[1]) Diese erscheinung mit der ursprünglichen composition dieser
formen in zusammenhang zu bringen, wie Paul, Beitr. IV, 425 tut, scheint
mir nicht nötig zu sein.

des suffixes schliessen sich ihr an, namentlich die erst durch
die lautverschiebung zu dieser länge gekommenen ableitungen
mit *z*; so schon ahd. *lenzo* aus *léngizò*, mhd. *gebein(e)ze* etc.
(Bech, Germ. X, 395 ff., Weinhold, mhd. Gr. 221) und sämmtliche verba auf -*azjan*, wie mhd. *bliczen*, *nafzen*, *rofzen* etc.
aus ahd. *pléccazjàn, hnáffazjàn, róffazjàn*.[1]) Ebenso syncopieren
häufig die mehrsilbigen formen der suffixe -*iska(n)* und -*ista(n)*
den ersten vocal; am regelmässigsten geschieht das in beispielen wie *ménsche* aus ahd. *ménniskò*[2]) und superlativen wie
beste, leste, græste aus ahd. *bézzistò, lézzistò, grö́zistò*. Hierzu
kommen kürzungen wie alts. *fúllistù, fúllistìàn*, ags. *fylstan*
gegenüber ahd. *fólleistjàn*, ags. *êfstan* neben *ôfost* u. s. f. Nach
mhd. typen wie *sæl(e)gen* zu schliessen müssen auch die verba
auf -*īgōn* die schlusssilbe betont haben, also *sā́līgò̀n*. Die
länge der classenvocale *ē, ō* der schwachen verba schützt ebenfalls nicht gegen die endungsbetonung in den präteritis: mhd.
warte, ahte, machte u. s. w. setzen unbedingt älteres *uuártētà,
áhtōtà, máchōtà* voraus. Wahrscheinlich hat man danach auch
sā́līgōtà und ähnliches anzusetzen.

Die bisher besprochenen fälle zeigen darin übereinstimmung, dass sie eine grössere entfernung des tieftons von der
langen wurzelsilbe aufweisen als sie das Lachmannsche tieftongesetz im allgemeinen zuliess. Auch der entgegengesetzte
fall, die lagerung des tieftons unmittelbar nach **kurzer
wurzelsilbe** ist denkbar, und wenn man den bisher aner-
kannten kriterien auch ferner trauen will, leicht auch als
wirklich nachzuweisen. Lachmann selbst weist schon a. a. o.
(kl. schr. I, 402 f.) notkerische accentuierungen wie *tóhinga*
nach und setzt dieselben mit recht in beziehung zu den mhd.
versbetonungen wie *mánùnge* Iw. 4862, *gótinne* Iw. 6444, Er.

[1]) Analog sind bildungen wie mhd. *himelzè* aus ahd. *himilizi*.

[2]) In den zwei ersten büchern des Boethius, die ich in hinsicht auf
die accentuierung der abteilungssilben durchgesehen habe, erscheint der
erste suffixvocal der wörter auf -*isc(o)* und -*ist(o)* stets unbezeichnet,
ausser einmal *ménniskòn* Hatt. 16ᵇ, denn *ménnisken* ib. 46ᵇ ist nach
Steinmeyer, zs. f. d. a. XVII, 454 ein fehler Hattemers. Wenn das erste
beispiel richtig ist, so kann es doch in seiner vereinzelung kein gewicht
in anspruch nehmen; denn alle übrigen worte, in welchen sonst der tiefton bezeichnet wird, haben sein zeichen stets mehr oder weniger regelmässig (*árbéit, ámbàht, biscóf, -ùnga, -nisseda* etc.).

5160; *zérúnge* Greg. 1719, *spéhǽre* 1 büchl. 553 (s. zu Iwein 6444). Die metrische beobachtung wird durch die tatsache bestätigt, dass der vocal des tieftonigen suffixes ungeschwächt fortbestcht.[1])

Dieselben durchbrechungen des tieftongesetzes lassen sich, wenigstens im princip, nach denselben kriterien auch in den übrigen germanischen sprachen nachweisen. Nur das gotische schliesst sich mit seinen vollkommen festen formen von selbst aus. Sonst aber finden wir überall, dass vocale die nach dem rhythmischen tieftongesetz den tieften haben sollten, eher geschwächt oder ausgestossen werden als solche, die danach unbetont sein sollten. Ich brauche zunächst nur an die allgemeine verkürzung der im got. noch dreisilbigen präterita der *ja*-classe zu erinnern: ahd. *hôrta, alts. hôrda*, ags. *hŷrde*, altn. *heyrða* u. s. w.[2]) Eine reihe weiterer fälle gebe ich der kürze halber tabellarisch im anschluss an die besprochenen ahd. typen:

ahd.	*alts.*	*ags.*	*altn.*
— llô	—	onmêdla	hyndla
— irô	iungro	ʒinʒra	yngri
— ôrô	{ sâligro { lêth(a)ro	lâðra	(heilari)
— inô'n	wîtnôn	wîtnian	} hvîtna
— anô'n	—	âʒnian	
— isô	êcso	ʒêlsa	
— isô'n	minsôn	minsian	hreinsa
— isâl *etc.*	(mendisll)	(rêcels)	kennsla
— issâ	blîdsia	blîðs (-e *etc.*)	heilsa
— istô	(êristo)	ʒinʒsta	yngstr
— isk⌣	(mennisko)	(mennisca)	heimskr
— idâ	hôntha	hênðu	dýpð(-ar *etc.*)
— agô'n	—	eâdʒian	} syndga.
— lgô'n	—	ʒemyndʒian	

---

[1]) Indirect beweisen auch notkerische formen wie *gebôn* aus *gebôno* für (oberdeutsche) accentstellung ⌣́ — ⌣ (vgl. Braune, Beitr. II, 146 anm. 2), auch möchte ich schreibungen wie *disiu* Boeth. 68ᵃ. 78ᵇ u. ä. im verein mit der conservierung des *iu* im mhd. für ein sicheres zeichen stärkerer accenthervorhebung gerade dieser endung halten.

[2]) Das friesische habe ich absichtlich ausgeschlossen, da dessen denkmäler zu jung sind, um überall sicher zu entscheiden. Im ganzen scheinen aber auch dort unsere regeln zu gelten.

Es liegt auf der hand, dass, wenn das bisherige räsonne-
ment richtig ist, analoge erscheinungen auch da erwartet werden müssen, wo in drei- und mehrsilbigen wörtern nur e i n e
silbe der ableitung, der rest der flexion angehört (natürlich ist
dieser ausdruck nur vom specifisch germanischen standpunkt
aus zu verstehen, für den die kürzere form, z. b. der nom. sg.
den ausgangspunkt bildet). Die untersuchung lehrt, dass im
grossen und ganzen in der tat dasselbe verfahren eingeschlagen
ist: die flexionssilbe zieht den tiefton auf sich, wenn nicht eine
nach den eben entwickelten gesetzen ihn erfordernde ableitungssilbe dazwischen tritt. Es heisst also zwar wol eben so gut
mü'edınges wie *édelınges*, *kındelĩ'nes* u. dgl., aber sicher auch
nicht minder *ánderè* wie *édelè*, denn der mittlere vocal kann
schon in den ältesten denkmälern syncopiert werden: *andre*
u. s. f. Am selbstverständlichsten ist dies verfahren natürlich
wieder bei formen auf -*ar*, -*al*, -*an* etc. mit 'unorganischem' *a*
im nominativ: *uuntres*, *zuâfles*, *uuâfnes* zu *uuntar*, *zuîfal*, *uuâfan*
und neben *uúntarès*, *zuî'falès*, *uuâ'fanès*. Ebenso im alts. consequent *ôðres*, *uundres*, *uuâpnes*, ags. *ôðres*, *mundres*, *êðles* (mit
altem, nicht eingeschobenem *i*), *nâ'pnes*, nur nordisch abweichend
annars neben zweideutigen gen. sg. wie *undrs*, aber regel-
mässigem *aðrir* und gen. pl. wie *undra*, *vápna* u. dgl. Nicht
ganz sicher bestimmbar sind die tonverhältnisse bei langsilbigem
ableitungssuffix; aber es besteht doch wenigstens offenbar die
tendenz, den ton möglichst weit nach hinten zu rücken; man
vgl. z. b. was oben s. 531 über die adjektiva auf -*isc* und die
superlative gesagt ist. Zu diesen stellen sich bildungen auf
-*ôst*, -*ust*, -*eist*: vgl. mhd. *dien(e)stes*, *ern(e)stes* [1]) zu ahd. *dionôst*,
ernust; ags. *ôfstes*, *fylste* zu *ôfost*, ahd. *folleist* (daneben *eor-
nestes* mit bewahrung des vocals wegen der consonantenhäufung), vgl. oben s. 531.

Von andern suffixen mit zwei schlussconsonanten gehört
hierher namentlich noch -*ing*. [2]) Dies behält den tiefton und

---

[1]) Mhd. *volleist* nebst ableitungen hat sich erhalten durch volks-
etymologische anlehnung des wortes an *leisten*.
[2]) Die suffixe -*ùnga* und -*ari*, -*âri* (d. h. -*ari* : *á'ri*?) sind hier auszuschliessen, weil alle casus (mit eventueller ausnahme des gen. pl.)
gleiche silbenzahl haben. Die participia stelle ich nur aus praktischen
gründen hierher.

damit seine ungeschwächte form da, wo es deutlich als ableitungssilbe im sprachbewustsein haftet, wie in *müedinc* und
den eigennamen, sodann stets in dritter silbe, wie in *jungelinc;*
es verliert ihn frühzeitig in etymologisch nicht so durchsich-
tigen wörtern wie *cuning* und *phenning*, daher schon ahd. die
formen *cùnigès, phènnigè* etc. (selbst im nom. schon *cunig*, s.
Tatian s. 22, anderes hierher gehörige gramm. II, 296), daher
ags. *cing*, altn. *kongr.* Dem -*ing* am nächsten stehen die
participia praesentis. Auch für sie möchte ich endungsbetonung annehmen; die zähigkeit, mit der das mhd. bei diesen
das -*e* festhält, genügt zwar nicht allein, um dessen tieftonigkeit zu erhärten (wegen der consonantenhäufung), aber die
nicht zu seltene verkürzung zu -*ede* selbst bei langsilbigen
(*senede, klagede, brinnede, wahsede*, Weinhold AG. 349. BG. 294)
und formen wie *weinde* für *weinende* sind nicht anders zu erklären. Möglich auch, dass die ahd. formen auf -*inti* für -*anti*,
-*enti* zum beweise herangezogen werden dürfen (*kundinti* Otfr.
I, 23, 10 VF; *ilinti* I, 13, 7 F; *scinintaz* V, 22, 7 V; reichlichere
alemannische beispiele s. Murbacher hymnen s. 25); denn schwerlich wäre tieftoniges *a*, *e* so leicht dem assimilierenden einflusse des unbetonten *i* resp. *j* vor vocalisch anlautender endung unterlegen.

Auch für die flectierten formen des infinitivs glaube ich
wenigstens eine neigung zur schlussbetonung annehmen zu
müssen. Auch hier findet sich, um das vielleicht schwächste
argument gleich hier im anschlusse vorzubringen, gelegentlich
assimilation an das suffixale *j;* die ältesten beispiele sind vielleicht *heilizinnes* Tat. 4, 4 (vgl. dazu auch einleitung s. 31),
irrettinne Otfr. I, 25, 6, *uuidarstantinne* III, 26, 50; jüngere
beispiele findet man bei Graff II, 944 und Weinhold AG 348.
BG 294.[1]) Sodann aber erscheinen ziemlich frühzeitig flectierte
infinitive mit vereinfachung der gemination, welche doch gewis

---

[1]) Eine merkwürdige analogie hierzu, welche auch dem sonst wol
isoliert stehenden *ellu, elliu* mit zur aufklärung und stütze dienen kann,
bieten assimilationen des *a* im part. praet. starker verba und ähnlicher
formen an das (verlorene) *j* der endung -*iu* im nom. sg. f. und nom. acc.
pl. n., die z. b. bei Otfrid durch *gihaltinu* IV, 29, 16 VPF, *fillorin(i)u* I,
20, 6 VP, *giborinu* ib. VF, *giuuebinu* IV, 29, 14 VP, *bidroginiu* I, 22,
17 P, *zehinu* II, 8, 32 etc. zu belegen sind, s. Kelle II, 122. 435.

tonlosigkcit der vorhergehenden silbe voraussetzt: *doufene* Otfr.
I, 25, 6, *irkennene* II, 9, 55, *zellene* V, 19, 65 in V, *thorrene*
III, 7, 64, *uueinones* IV, 18, 40, *suimanes* V, 13, 25 in P (*korone*
IV, 13, 24, *sagane* II, 9, 73), *steinone* III, 23, 32, *halsslagones*
IV, 19, 72 und *uueinones* V, 23, 104 in F, s. Kelle II, 129 f.
und anderes bei Graff II, 944. Endlich lassen sich auch
einige metrische anhaltspunkte gewinnen. Otfrid betont sicher
irréttinè I, 25, 6 und *uuizzannè* V, 17, 8, höchst wahrscheinlich auch *doúfenè* I, 25, 6, *inbintannè* I, 27, 58, *zéllennè* V, 1,
22, *uuizzannè* V, 6, 19, *bimî'dannè* Hartm. 66 und mit weiter-
rückung des tieftons und verschmelzung mit einem folgenden
hochton *uuirkennę úbar* V, 16, 35, *sórgannę éigun* V, 19, 2,
zéllennę ist V, 19, 7, vgl. IV, 28, 18. Dass diese betonungen,
wie die gegebene übersicht zeigt, nur in den älteren teilen des
gedichtes vorzukommen scheinen, ist noch kein durchschlagen-
der grund gegen die annahme, dass gerade sie reste der prosabetonung seien.

Von 'einsilbigen' snffixen mit vocalischer länge kommen
besonders in betracht das substantivische -*ôd* und die adjectiv-
endungen -*în* und -*îg*. Im ahd. und alts. entziehen sich dieselben der directen beurteilung; höchstens scheint das -*în* darin
mit dem oben besprochenen -*ing* parallel zu gehen, dass es sich
lange ungeschwächt erhält (s. Paul, Beitr. IV, 424). Im altn.
und ags. erhält das suffix -*ôd* seinen vocal (altn. -*aðr*, ags.
-*od*, -*ad*, wie die schwachen präterita der *ai*- und *o*-classe;
lifade, sealfode etc.; vgl. übrigens auch die zweite abhandlung),
die beiden andern können ihn in den mehrsilbigen casus ein-
büssen, vgl. z. b. die casus obliqui von *æren, fýren, hwîlen* oder
zemyndiz, hrêmiz, wêriz etc. bei Grein. Es ist sehr schwierig,
vielleicht unmöglich, zu entscheiden, ob hier der accent auf
der schlusssilbe die verkürzung des vocals hervorgerufen und
dann dessen ausfall bedingt hat, oder ob trotz ursprünglicher
tieftonigkeit die länge sich verkürzte und dann erst eine umsetzung des accents nach dem muster der endungen von der
form ◡ ◡ sich vollzog.

Aehnlich schwankend liegen die verhältnisse widerum
bei zweisilbiger flexionsendung. Die *r*-endungen der
adjectiva scheinen stets schlussbetonung zu haben, denn sie
assimilieren im ahd. und alts. den vocal der paenultima öfter

dem der ultima (Beiträge II, 112) und syncopieren sie stets im
altn. und ags.: *blindrar*, *blindri*, *blindra*, resp. *blindre*, *blindra*;
so auch bei Notker *ánderro*, *únserro*, Weinhold AG. 473.
Merkwürdige verschiedenheit herscht beim accusativischen
-*ana*. Das ahd. hat dafür nur -*an*, setzt also wol -*àna* voraus,
das ags. weist mit seinem ebenso consequenten -*ne* auf -*anà*;
das altsächsische hat *hḗlaganà*, *hḗlagnà* und *hḗlagàn* neben einander (Heyne, kl. alts. gramm. 85); das nordische hat meist
-*an*, wie in *blindan*, *vænan*, daneben aber *heiðinn*, *litinn*, *mikinn*,
minn, *hvárn*, *hvern* und andere pronominalformen¹), welche
schwerlich anders als aus älterem *helðin(a)nà*, *lítil(a)nà*,
mikil(a)nà, *mín(a)nà* zu erklären sind. Beim dativ sg. m. n.
ist alles in ordnung; trotz der ursprünglichen positionslänge
der ersten silbe der endung scheint die ultima den ton gehabt zu haben; daher alts. fast stets assimilation (*blindumù*),
ahd. wenigstens sehr häufig (*blintomò*) eintritt, bisweilen auch
ausfall, wie im notkerischen *ándermo*.²) Ja es scheint kaum
zweifelhaft zu sein [was jetzt auch Paul, Beitr. IV, 407 anm.
ausgesprochen hat³)], dass die vereinfachung des *mm* ebenso
der accentlosigkeit der paenultima entsprungen ist, wie die
später eintretende (weil vielleicht durch eine jüngere accentlage bedingte?) des *m* im flectierten infinitiv.

Die einzige endung der form — ⌣ mit vocalischer länge in
paenultima ist das -*ônô* des genitiv pluralis. Auch dieses
wird verschieden behandelt. Das oberdeutsche scheint nur

---

¹) Einschliesslich *þann*, *hann*, *hinn* für **þana-na* etc. mit verdop-
pelter endung wie abd. *inan*, *hueknan*, Scherer, z. GDS. 371. — Ob auch
das gewöhnliche *þeirrar*, *þeirri*, *þeirra* für älteres *þeirar*, *þeiri*, *þeira*
einer solchen doppelung sein dasein verdankt?

²) Ags. und altn. *blindum* bieten keinen anhalt, da sie wie die entsprechenden pronomina *þám*, *þeim* dem dat. pl. angeglichen sind, der
selbst sein -*um* gegenüber altgerm. -*aim* erst wider der einwirkung der
substantiva verdankt, Scherer z. GDS. 364.

³) Nur ist es mir fraglich, ob Paul recht hat, *demu*, *huemu*, *imu* auf
eine einwirkung oben dieser adjectiva zurückzuführen oder die verkürzung der proklitischen natur von *demu*, *imu* zuzuschreiben. Für die
zweisilbigen casus obliqui von *er* gilt ja oxytonierung noch tief ins ahd.
hinein (cf. Otfrids *ra*, *ro*, *ru*, *mo*, *nan*, Kelle II, 321 ff.), und das mag
sich, wenn auch nicht mehr in historisch nachweisbarer zeit, auch auf
die demonstrativa und interrogativa erstreckt haben.

-ŏ'no zu kennen, auch nach kurzer stammsilbe, vgl. Notkers
súntòn, gébôn für älteres súntŏ'no, gébŏ'no. Das fränkische
scheint dagegen, namentlich in seinen rheinischen gebieten, von
altersher -ŏnò betont zu haben, vgl. heilegenò Is. 23, 26 Weinh.
(vom herausgeber s. 82 u. 116 vermutungsweise in -ono verändert),
Iúdenò Tat. 348ª(?), speichenò Diut. II, 343 und die von Braune,
Beitr. II, 143 angezogenen formen súndenò, súndinò, uuíllenò
in der Lorscher und Mainzer beichte, sowie verschiedenes zweifel-
haftere bei Graff II, 924 ff. und Paul, Beitr. IV, 374 f.[1]) Das altsächsische schliesst sich in der frühen schwächung des ersten
ô ans fränkische an, vgl. namentlich hé'rinò, hé'ranò in der
Essener heberolle, hé'ligenò Psalmencomm. Denkm. LXXI, 57
und anderes bei Paul a. a. o. Das ags. endlich gestattet, das
altn. fordert syncope des ersten vocals (ags. ǎ'r(e)nà, altn.
tungna).

Wie stark die neigung zur verschiebung des nebenaccents
nach hinten ist, zeigen endlich auch beispiele wie die Beitr.
IV, 407 von Paul besprochenen mhd. formen, welche die endung
zu ungunsten der ursprünglich tieftonigen stammsilbe eines
compositums betonen, wie solher, welher, bei Notker sólêr, uuélêr
für sóle(h)êr, uuéle(h)êr (Braune, Beitr. II, s. 135), ferner mhd.
wæ'llièr für wæ'tli'cher etc. Zu ihnen stellen sich auch ags. smylc,
hwylc, ylca, ælc; ferner wahrscheinlich die von Wülcker, Beitr.
I, 217 angeführten comparative und superlative auf -luker;
-lukest von adjectiven auf -lich, die sich in altenglischen denkmälern finden. Die leichteren endungen des positivs beliessen
den tiefton auf der stammsilbe, welche deshalb ihren vocal i
erhielt und vermöge seines einflusses das folgende c palata-
lisierte. Dagegen trat in den schwereren formen des compara-
tivs und superlativs endungsbetonung ein: stronghuker, laδ-
lukest stehen für -licrà, -licàst; dadurch erfährt das gekürzte i
seine verdunkelung und der schärfer zum anlaut der folgenden

') Ueber eine merkwürdige verschiedenheit der betonung und
quantität bei Otfrid, je nachdem eine oder mehrere silben der endung
vorhergehen (ginǎ'dono : sélidŏ'no, fórdorò'no) s. Wilmanns, zs. f. d. alt.
XVI, 114 f. Die erste art entspräche der sonstigen fränkischen beto-
nungsweise, die zweite erklärt sich aus dem bestreben, die zahl der silben zwischen hoch- und tiefton nicht zu sehr anwachsen zu lassen.

silbe gezogene guttural bleibt unversehrt (s. meine Lautphys. 108). Noch weiter ging die verkürzung in den altn. adverbien auf -la wie *bráðla, gørla, harðla, varla* (Gramm. III, 103) für -*ligà*. — Anderes ähnliche steht mehr vereinzelt, so nhd. *verteidigèn* für *teidngen*; merkwürdig bei Ulrich von Türheim öfter *gehö̀rsamĩn* (so auch die versbetonung; es reimt auf *mìn, sìn*, z. b. 127ᵃ. 130ᵃ. 189ᵇ. 192ᵇ. der Casseler hs.; die betonung ist die von *ménegĩn, vinsterĩn,* Weinhold, mhd. gr. 439. AG. 440 ff.) Das resultat dieser erörterungen dürfen wir nun wol unbedenklich in den satz zusammenfassen: Lachmanns rhythmisches accentgesetz galt nicht für die altgermanische prosabetonung; für die versbetonung galt es nur mit bedeutenden einschränkungen, die zum teile von Lachmann selbst hervorgehoben sind. Erst in jüngeren sprachperioden (namentlich im mhd.) ist durch reichliche vocalausstossung eine grössere übereinstimmung zwischen prosaischem und metrischem accent (oder richtiger, zwischen wortaccent und ictus) hergestellt worden. Für die lagerung der nebenaccente der älteren zeit gewinnen wir statt des von Lachmann angenommenen rhythmischen ein wesentlich logisches grundprincip, und zwar nahezu dasjenige, welches bereits die indogermanische ursprache beherschte, nämlich das, die determinierenden teile des wortes durch den accent hervorzuheben, nur dass es sich dort um den hauptaccent, hier um einen nebenton handelt.[1] Freilich kann man nur von einem princip, nicht von einem überall starr geltenden gesetze sprechen, denn im einzelnen bleiben noch genugsame freiheiten, die zum teil noch erklärung fordern. Von anfang an mögen rhythmische, d. h. quantitätsverschiedenheiten mit eingewirkt haben, aber es handelt sich dabei nicht sowol um die quantitäten der stammsilben, die für Lachmanns system die grundlage bildeten, als vielmehr um die der suffixe. Ferner sind gewis im laufe der zeit in den einzelsprachen hand in hand mit der zunehmenden schwächung der nicht hochtonigen silben verschiebungen der

[1] Es liegt sehr nahe die frage aufzuwerfen, ob sich nicht noch ein directer zusammenhang dieser beiden gesetze auffinden lasse, so z. b. dass im germanischen nur ein austausch zwischen hoch- und tiefton stattgefunden habe; aber solche fragen sind jetzt noch lange nicht spruchreif.

tieftöne eingetreten, und es wird eine weitere lohnende aufgabe
sein, dieses im einzelnen zu verfolgen. Vor der hand stellen
sich freilich solchen ausführungen noch die erheblichsten schwierigkeiten entgegen, namentlich so lange wir nicht genauere
statistische ermittelungen über die gestaltungen der ableitungssilben in den mhd. mundarten besitzen, die auf den originalquellen
und nicht auf den (sei es vom dichter, sei es vom herausgeber)
metrisch zugestutzten texten unserer mhd. classiker beruhen. Für
unsere zwecke aber genügt auch einstweilen die feststellung
des princips im allgemeinen. Wenn wenigstens die hauptsäch-
lichsten punkte desselben ausser zweifel gestellt sind (und das
hoffe ich durch die vorstehenden bemerkungen getan zu haben),
so besitzen wir damit wenigstens eine sichere grundlage für
die erforschung der schicksale des germanischen vocalismus,
soweit dieselben von accenten abhängig sind. Ein punkt aus
dem sich hier eröffnenden weiten gebiete, soll den gegenstand
unserer weiteren untersuchung bilden, die frage nach den
gesetzen der syncopierung oder apocopierung unbetonter vocale
innerhalb der germanischen sprachen, jedoch überall mit ausschluss der jüngeren perioden, in denen teils zu grosse massen-
haftigkeit, teils unzuverlässigkeit des materials dem einzelnen
die raschere durchführbarkeit der arbeit verbieten. Es liegt
ausserdem auf der hand, dass das sprachwissenschaftliche interesse an diesen fragen um so mehr abnehmen muss, je moderneren und damit meist inconsequenteren sprachperioden wir uns
nähern.

II. Die behandlung unbetonter mittelvocale.

In unserer ersten untersuchung (Beitr. IV, s. 522 ff.) waren vocalsyncopierungen einstweilen nur als ein kriterium für einstige unbetontheit der betreffenden silben verwertet worden. Es genügte dort, nachzuweisen, dass überhaupt einmal irgendwo syncope eingetreten sei. Fragen wir aber nicht nur nach den gesetzen des accentes, die es dort zu bestimmen galt, sondern nach der geschichte des vocalismus der ableitungs- und endsilben überhaupt, so bedarf das früher gegebene material noch einer wesentlichen ergänzung und einer sichtung zum behufe genauerer zeitlicher und örtlicher abgrenzung; namentlich müssen auch die vocale unbetonter silben nach kurzer wurzelsilbe nun mit herangezogen werden, die oben ganz ausser acht gelassen wurden, weil sie für die frage nach dem tiefton nicht direct in betracht kamen.

Es wird vielleicht am geratensten sein, im anschluss an das im vorigen entwickelte zunächst die geschicke der zwischen hochton und tiefton stehenden vocale ins auge zu fassen, weil deren unbetontheit ohne weiteres gesichert ist. Daran würden sich die vocale der endsilben, namentlich zweisilbiger wörter, anzuschliessen haben, die nach dem oben (Beitr. IV, s. 526 ff.) entwickelten in den meisten fällen ebenfalls für unbetont zu gelten haben. Endlich wird auch die behandlung ursprünglich dreisilbiger wörter zu besprechen sein, welche nach dem vocalischen auslautgesetz ihren schlussvocal trotz seiner ursprünglichen tieftonigkeit syncopieren.

Wir beginnen mit einer kurzen betrachtung derjenigen sprache, welche am stärksten mit den ableitungs- und endungsvocalen aufgeräumt hat, des nordischen.

I. Altnordisch.

Hier gilt zunächst die regel, dass jeder ursprünglich kurze (früh verkürzte? s. nachher) unbetonte mittelvocal in offener silbe unmittelbar vor dem tiefton schwindet, und zwar zunächst ohne rücksicht auf die quantität der hochtonigen silbe. Beispiele (nach dem folgenden consonanten geordnet):

I. Es ist nur ein mittelvocal vorhanden gewesen [1]):

a) vor *l*: *stur-la, hynd-la* C. 32 b; *Yng-lingar, öð-lingr* C 32 a; die casus obliqui der substantiva und adjectiva auf *-all, -ill, -ull* mit vocalischer endung, C. 32 a. 33 b, W. § 37. 80: *þum-li, eng-li, kat-li, jǫk-li*; *gam-lir, lit-lir*; neutra wie *öð-li*, dat. zu *óðal*; verba auf *-la*, wie *hnup-la, grip-la*, C. 24 a.

b) vor *r*: die comparative mit *i*: *dýp-ri, frem-ri*, W. § 86; die *r*-casus der adjectiva: *blind-rar, blind-ri, blind-ra, mið-rar, mið-ri, mið-ra*; wörter auf *-arr* und *-urr*, C. 32 a, W. § 37: *ham-rar, fjǫt-rar*; neutra wie *sum-ri*; verba auf *-ra*, wie *klif-ra*, C. 24 a.

c) vor *n*: verba auf *-na* aus *-inôn, -anôn*, wie *hvitna*, C. 34 a (zusammengefallen mit den neutropassivis auf *-na*); wörter auf *-ann, -inn, -unn*, C. 32 a, W. § 37. 80: *apt-ni, drótt-ni, him-ni*; *morg-ni, jǫt-ni*; neutra *mag-ni*[2]); adjectiva und participia *heið-nir, op-nir, gef-nir*; *lyg-nir*; feminina auf *-ning* wie *hluttek-ning* C. 31 b.

d) vor *s*: feminina auf *-sa, heil-sa*, C. 32 b; desgl. verba, *hug-sa, hrein-sa*, C. 24 a.

e) vor *ð*: feminina auf *ð, d, t* aus *-iða : dýp-ð, mæg-ð*, C. 32 b; neutrum *hof-ði*; sämmtliche schwachen praeterita der

---

[1]) Mit C. verweise ich im folgendem auf die reichhaltigen zusammenstellungen der Outlines of grammar bei Cleasby-Vigfússon, mit W. auf Wimmers altn. grammatik.

[2]) Entsprechende feminina, wie ahd. *lugina*, sind im nordischen nicht von den verbalsubstantiva auf *-ni-* zu unterscheiden (vgl. C. 31 b unten).

ja - classe: *tam-ða*, *dæm-ða* nebst den entsprechenden participien, *tam-ðr*, *dæm-ðr* (über *taliðr* etc. s. unten 67).

f) vor *g*: adjectiva auf *-agr*, *-igr* (früh verkürzt aus *-îgr?*), *-ugr*, C. 36ᵇ, W. § 80 B; *heilagr* — *hel-gir* nebst subst. *helgi*, verb. *helga* etc., *nauð-gir*, *hof-gir*; dazu die abstracta auf *-gi*, C. 18ᵇ, W. § 74, wie *gof-gi*, *græð-gi*, und die verba auf *-ga*, C. 24ª, wie *blöð-ga*, *synd-ga*; ferner *feð-gin*, *feð-gar*, *mað-gin*, *mæð-gur*, *syst-kin*.

Ferner ist die verkürzung obligatorisch bei allen ursprünglich kurzen vocalen in position, wenn alle folgenden consonanten zur folgenden silbe gezogen werden können. Dies gilt von allen mit *s* beginnenden endungen; so den neutris auf *-sl* wie *þyng-sl*, C. 33ª und den zahlreichen femininis auf *-sla* wie *kenn-sla*, *geym-sla*, C. 31ᵇ; den neutris auf *-sn(i)* wie *ræk-sn*, *fylg-sni*, C. 33ª; den masculinis auf *-str*, die sich an verba der *ja*-classe anlehnen, wie *lem-str* nebst deren ableitungen (*lemstra* verb.); endlich den adjectivis auf germ. *-iska-*, nord. *-skr*, wie *Dan-skr*, *-lend-skr*, *heim-skr* C. 34ª und deren ableitungen, namentlich abstracten femininis wie *gað-ska*, C. 32ᵇ (über *-neskja* s. unten). In allen übrigen fällen schützt position vor dem ausfall, d. h. überall da wo das erste glied ein sonorer laut ist; es bleiben also nicht nur die, wie wir oben gesehen haben, wol sicher tieftonigen vocale der bildung auf *-ing*, *-ung* nebst ihren verschiedenen weiteren ableitungen, sondern auch die unbetonten vocale der wörter auf *-elsi* wie *reykelsi*[1]) (aus *reýkisli*, vgl. Beitr. IV, 532, und die eben genannten parallelbildungen mit erhaltung der ursprünglichen lautfolge *sl*), C. 33ª; auf *-aldi*, *-ildi* wie *digr-aldi* m., *þykkildi* f., C. 32ᵇ. 33ª; auf *-arn*, wie *isarn*, *akarn*, *undarn*, C. 33ª; die sämmtlichen participia praesentis und die ähnlichen bildungen auf *-endi* wie *örendi*, und *-indi* wie *sannindi* (ohne umlaut), C. 33ª; die feminina auf *-ynja* wie *vargynja*.

Die adjectiva auf *-óttr* aus *-oht* (C. 33ᵇ) scheinen den tiefton auf dieser silbe gehabt zu haben (daher auch im mhd.

---

[1]) Wenn nicht diese form, worauf das *e* vielleicht hinweist, erst aus *reyk-sli* entstanden ist, d. h. *el* ursprünglich nur silbenbildendes *l* war.

noch oft erhaltung des *o*). Sie fallen also nicht mehr unter
unsere kategorie.

Ursprünglich lange oder doch erst spät verkürzte vocale scheinen zu bleiben; in betracht kommt
aber eigentlich nur *ô*, das sich teils als *a*, teils als *o, u* erhält;
zum ersten gehören die substantiva auf *-aðr* und *-naðr* wie
mánaðr, búnaðr, C. 31 b und die praeterita und participia
praeteriti der verba auf *ô*, *kallaða, kallaðr*; die comparative
und superlative auf *-ari* und *-astr* und die feminina auf *-an*,
C. 31 a; zum zweiten die feminina wie *orrosta, þjónusta,* C.
32 b. Durchbrochen wird diese regel allerdings durch die grosse
masse der schwachen genitive pluralis wie *tung-na.* Da dieselbe anomalie auch im ags. (und alts.?) vorliegt (ags. *sealfode*
: *tung(e)na*), so wäre es nicht undenkbar, dass in diesen
sprachen, abweichend vom hochdeutschen (Beitr. IV, 531)
das *ô* tieftonig gewesen wäre. Dann wäre vielmehr der ausfall in offener silbe auch bei ursprünglicher länge das regu-
läre, und wir gewönnen vollkommnere übereinstimmung mit
der entwicklung der unbetonten *î*, deren frühere verkürzung,
die oben s. 65 zweifelnd angenommen wurde, an und für
sich nicht erklärlich erscheint. Die regel hätte dann so zu
lauten, dass auch ursprüngliche länge in offener silbe
stets ausfällt, in position stets bleibt (also auch vor
st). Am schwierigsten sind die comparative auf *-ari*; nach
ags. *beorhtra* etc. ist man geneigt, bei diesen gemeingermanische schlussbetonung anzusetzen, und das hätte im nordischen einfaches *-ri* ergeben. Es bliebe noch der ausweg
übrig, beeinflussung durch den superlativ, oder speciell nordische betonung des *ô* auch hier anzunehmen, aber für keine
von beiden deutungen weiss ich im augenblick eine absolute
wahrscheinlichkeit zu gewinnen, und es ist geratener, diese
frage lieber in suspenso zu lassen, und das um so mehr, als
der einzige diphthong, der unter die eben behandelte kategorie fällt, das *ai* der schwachen verba, ebenfalls keine be-
friedigende auskunft gibt. An seiner stelle erscheint nur in
den participien ein vocal, *vakat* etc., das praeteritum *vakða* ist
von einem der *ja*-classe nicht zu unterscheiden. Ob hier rein
lautliche entwicklung vorliegt oder anlehnungen an die *ja*- und
ô-classe vorgenommen sind, wird schwer zu entscheiden sein.

Als grössero ausnahmen von diesen regeln erscheinen sodann auf den ersten blick 1. die kurzsilbigen participia praeteriti wie *taliðr*; 2. wörter wie *aðili*, *heimili*; 3. die nomina agentis auf *-eri*, jünger *-ari* (W. § 64, anm. 2); 4. die adjectiva auf *-neskr* nebst den zugehörigen femininis auf *-neskja*. Aber auch diese lassen sich wol entfernen. Die erstaufgeführten formen sind jünger als die nebenher gehenden wie *taliðr*, das *i* ist nicht der alte ableitungsvocal, sondern erst später zusatz; das zeigt vor allem der mangel des umlauts in der stammsilbe. Das unter 2. und 3. aufgeführte gehört vielleicht zusammen. Von den nominibus auf *-eri* ist es an sich zweifelhaft, ob sie auf ältere *-ari* oder *-âri* zurückgehen; möglich auch, dass der vocal *a* hier tieftonig war (vgl. Beitr. IV, 529). Doch ist das für uns gleichgültig, wenn die regel über den ausfall der längen in der form wie sie zuletzt gegeben ist, zutrifft. Der eigentliche grund für die conservierung ist dann ein anderer. Alle jene wörter sind ursprünglich stämme auf *-ja* oder *-jan* (W. a. a. o. und § 66); das *j* des suffixes half hier mit position bilden, wie bei den femininis auf *-ynja*, oben s.65. Was endlich das *-neskr*, *-neskja* betrifft, so ist es möglich, dass diese ursprünglich nicht zu unserer reihe gehörten, sondern tieftoniges suffix hatten; denn mit ausnahme von *manneskja* und *forneskja* (bei denen der mangel des umlauts, namentlich bei dem ersteren worte, dem *mennska* f. zur seite steht, den verdacht jüngerer bildung erweckt) stand das suffix wol stets ursprünglich in dritter silbe: *vit-neskja* etc. Wir hätten dann eine analogie zu der verschiedenen behandlung des gen. pl. auf *-ono* bei Otfrid, der Beitr. IV, s. 537 erwähnt ist. Hierfür spricht namentlich eine bildung wie *him-neskr* aus *híminiskaz*, aus dem ohne anstoss ein *himinskr* hätte werden können (nach der unten zu erörternden regel über die behandlung unbetonter doppelsilben), wenn die betonung *-niskàz* gewesen wäre. Will man das nicht zugeben, so darf man die erhaltung des vocals der vorausgehenden schweren consonantgruppe zuschreiben; dies ist aber an sich weniger wahrscheinlich, da doch formen wie *fiflska*, *fegrstr* gebildet werden. [1]

¹) Uebrigens können diese bildungen gewis im ganzen kein hohes alter beanspruchen; sie müssen meist nach der analogie weniger worte

3*

Es bleiben alsdann nur noch ganz vereinzelte ausnahmen
übrig, für die ich keine erklärung weiss. So die wörter
arfuni, sifuni, Deimuni, die C. 32ᵃ aufgeführt und die mir etymologisch nicht klar genug sind, um über die ursprüngliche
quantität des mittelvocals urteilen zu können; sodann das
adjectiv *heimill* oder *heimoll*, welches nicht zusammengezogen
wird (W. § 80 A, anm. 1; die etymologischen versuche bei C.
250 ᵃ·ᵇ machen die ausnahme noch nicht erklärlich) und einige
schwankende adjectiva, wie *heilagr, resall* und *ýmiss* (W. § 80
B; A anm. 1), deren längere formen nach Cleasby - Vigfússon
s. vv. zum teil speciell moderneren gebrauchs sind; ferner was
W. § 37 anm. 4 gibt, etc.

II. Es sind zwei mittlere silben vorhanden gewesen.
Hier gilt als regel, dass der vocal der zweiten silbe syncopiert wird; ich führe, da sich die oben sub 1. gegebenen
fälle einfach der reihe nach wenn auch in sehr beschränktem
umfange widerholen, nur wenige formen an: mit *l: gamal-lar,
-li, -la, gamal-t*; mit *n: heiðin-nar* etc., *heiði-t* für **heiðin-t*;
mit *g: gofug-rar* etc., *gofug-t* u. s. f. Die comparativformen,
die unter 1. ein beträchtliches contingent stellten, fallen hier
fast ganz fort, da neben einzelnen wörtern wie *gjofull* und
svipall, welche zum teil *gjoful-li, svipal-li* bilden (W. § 88 c,
C. 20ᵃ) die meisten zweisilbigen adjectiva ihre steigerungs-
formen auf *-ari* bilden, d. h. unter classe 1 gehören, wenn in

_____

gebildet sein, denen das *n* stammhaft zukam, wie etwa *himn-eskr*; solche
wie *jarðneskr, gotneskr* müssen trotz nebenher gehender *an*-stämme
schon spätere bildungen sein (cf. ahd. *irdisc, frenkisc* etc.). Man kann sich
übrigens schwer der vermutung entschlagen, dass jene abstracta auf
-neskja ihr dasein einer vermischung zweier suffixe verdanken. Die im
got. und westgermanischen so stark entwickelte endung *-nassus*, ahd.
-nessi, ags. *-nes* fehlt im nordischen gänzlich (gramm. II, 326). Sollte
sie nicht in jenen *-neskja* mit aufgegangen sein (man denke an parallelbildungen wie alts. *hêthinussia* und adj. *hêthinisc*; got. *fraujinassus* und
ahd. *frônisc*; doch ist das letztere wol erst spätere bildung). Es be-
durfte nur eines mit anlehnung an die schwache declination gebildeten
*-nessja (vgl. das alts. *hêthinussia* etc.) neben adjectiven auf *-(n)eskr*, um
die vermischung sehr nahe zu legen. Damit wäre auch die schwierigkeit wegen des vocals gehoben, da wir dann nicht nur tieftoniges suffix
(Beitr. IV, s. 529), sondern noch dazu vocal vor *ss*, d. h. in absolut
schützender position, bekämen.

der tat hier das *a* tieftonig war. Die adjectiva auf -*tigr*, die
zum teil im comparativ -*lig-ri* haben (*maklig-ri* W. § 87),
können doch als composita nicht eigentlich hierher gezogen
werden.

Es sind also überhaupt nur wenige unbetonte mittelvocale, welche sich im nordischen erhalten, eigentlich nur die
vor liquida oder nasal + consonant (s. 65) und die zuletzt besprochenen. Wie sich aus den angeführten beispielen ergibt,
geschah der ausfall sowol nach kurzer wie nach langer stammsilbe; aber es findet, wie sich alsbald zeigt, ein chronologischer
unterschied bezüglich der syncope statt. Voraus gieng die der
mittelvocale nach kurzer stammsilbe; sie fällt zum teil
vor den eintritt des *i*-umlauts, denn ein an dieser stelle ge-
schwundenes *i* hinterlässt meist keine einwirkung auf den
vorhergehenden vocal, während lange silbe stets umlaut erfordert. Diese regel trifft überall zu bei den kurzsilbigen
verbis der *ja*-classe (*tal-ða* etc.), aber auch in vielen andern
fällen; man vergleiche z. b. *Stur-la : hynd-la; ketill, kat-li ;
lykill, luk-lar; megin, mag-ni; regin, rag-na* etc. (W. § 37 anm.
1. 2): *kyndill, kyndlar; engill, englar;* von adjectiven *dœn-skr,
val-skr* (jünger, wegen der gebrochenen vocale, sind *skot-skr,
bret-skr*) gegen *islend-skr, sœn-skr* etc. (freilich auch *gaut-skr*
u. ä.). Umlaute kurzer wurzelsilben scheinen nur vor gutturalen regelmässiger einzutreten, vgl. *geg-num, beg-la, tek-ning*;
das vergleicht sich dem dat. *degi* und den participiis wie
tekinn, W. § 121. Alles zusammengefasst wird man wenigstens zugeben dürfen, dass die regel vom früheren ausfall des
i nach kurzer silbe noch an hinlänglich vielen stellen erkennt-
lich ist; freilich ist, namentlich auf dem gebiete der nominal-
bildung und nominalflexion, vieles durch ausgleichung und
analogiebildungen verwischt worden.

Ein wesentlich anderes bild gewähren die westgermanischen sprachen. Diese haben nicht nur eine menge ursprünglicher mittelvocale erhalten, sondern die anzahl derselben noch durch die entwicklung zahlreicher 'irrationaler' vocale
(svarabhakti oder wie man sie sonst nennen will) aus früher
silbenbildendem sonorlaute wesentlich gesteigert. [1]) In vielen

---

[1]) Ob wirklich entwicklung eines vocals anzunehmen ist oder das

beziehungen werden diese neuen laute mit den ursprünglichen
kürzen gleich behandelt; ein ags. *wôcres* ist z. b. im typus
einem *ôðres* vollkommen gleich, obwol *wôcor* neuen, *ôðer* alten
vocal hat. Doch soll hiermit nicht gesagt sein, dass etwa
wôcres aus *wôcores* gedeutet werden müsse; im gegenteil, es
ist am wahrscheinlichsten, dass es directe fortsetzung der alt-
german. form *wôkres* ist; aber praktisch lässt sich die zu-
sammenbehandlung beider reihen durch den gewinn rechtfer-
tigen, den die bequemere übersicht gewährt.

II. Angelsächsisch.

Das angelsächsische hat seine unbetonten mittelvocale
unter den westgermanischen sprachen am consequentesten behandelt, wenn wir von der sprache der ältesten denkmäler
absehen, in denen die später waltenden gesetze noch nicht
völlig zum durchbruch gelangt sind. Indem ich diese ältesten
denkmäler, schon wegen der unzugänglichkeit eines grossen
teiles des materials, einer andern specialuntersuchung über-
lassen muss, beschränken sich meine angaben im folgenden im
wesentlichen auf den in Greins bibliothek gegebenen stoff, der
indessen mehr als ausreichend ist, um die nötigen regeln zu
abstrahieren. Innerhalb dieses gebietes gelten nun folgende
bestimmungen:

I. Einzelner mittelvocal (vgl. s. 64).

A. Nach langer wurzelsilbe.

1. Jeder nicht durch position geschützte ursprünglich kurze vocal wird (stets vor *l, r,* weniger regelmässig vor nasalen und anderen consonanten) syncopiert
und es tritt nie irrationaler vocal ein. Beispiele:

a) mit *l: Ät-la, Hréd-la, anmêd-la, ofermêd-la, mânfordêd-la,
zeniŏ-la, þreánŷd-la, geǽht-la, zescirp-la; meôw-le; afrend-lian,
nist-lan;* ferner die mehrsilbigen formen und ableitungen
von [1]) a) *êŏel, Hrêŏel, îdel, middel; enzel, zrindel, zrendel,*

---

geschriebene vocalzeichen eventuell nur silbenbildende function des
sonorlauts anzeigen soll, soll hier nicht untersucht werden.

[1]) Ich bezeichne im folgenden mit a) die wörter mit sicher altem,
mit b) die mit neuem oder zweifelhaftem mittelvocal.

swinzel, symbel[1]), *wyrpel, þistel; deófol*; b) *âdl (âdle), næ̂dl, wîdl, spâtl (spâtlian); dŷzol, cnôsl, hùsl, sûsl; sâwol; eaxl, wrixl (zewrixle, zewrixlan); æppel, cumbol, tempel, Enzle, tunzel, þancol, Wendlas (Wendle?)*, *turtle*; ich habe an belegten formen ohne mittelvocale (nur im nom. bei Grein belegte worte, wie *fengel, zanzol, þenzel* sind nicht aufgezählt) bei Grein ca. 570 gefunden; an ausnahmen 13, nämlich *êðele* Gen. 63. Sat. 108. Gûthl. 248. Ps. 68,23; *deófoles* Crist 1537; *fîfela* Wald. 2, 10; *idele* Hymn. 7, 108; *sâwele* B. 1742; *stŷpele* Aelfr. tod 19; endlich *Grendeles* B. 2006. 2118. 2139. 2353 (alle bei dem zweiten schreiber, der nur zwei mal *Grendle(s)* setzt, 2002 und 2521; der erste hat ausschliesslich, 19 mal, die letztere form). Die fremdwörter *apostolas* Sat. 571. Men. 122, *circule*, Men. 67 bilden nicht eigentliche ausnahmen.

b) mit *r*: die *r*-casus der adjectiva und die umlautenden comparative; die neutra pl. auf *ru*, wie *lambru, cildru*[2]); ferner die casus obliqui und ableitungen von a) *eówer, incer, uncer, ôðer(?)*, *fyrðran*, b) *æ̂dr, æ̂dre*[3]), *hlæ̂der, næ̂dre, fôdor, hâdor (hæ̂dre), bróðor, hróðor, hleóðor, hrêðer*[3]), *þrîrêðre; âtor (æ̂tren), bitter, hlûttor, snottor, tuddor; dôzor, zeócor, wôcor; zeômor; âfor*[4]), *æ̂fre, næ̂fre, zìfre, sŷfre, frôfor (frêfran), ôfor; ealdor, zealdór, sculdre, wuldor; zlendran, sundor, wandrian, wundrian; beorðor, corðor, morðor; tealtrian, winter; dohtor, hleahtor, leahtor, suhtriza; ceaster, clûstor, eástor, zeostra, þ(r)eóstre, bolster, heolstor, winster, mynster; finzer, zinzra, hunzer, lunzre, ancor; brember, lambor, timber, clympre, heolfor, seolfor.* Hier zählte ich mit ausschluss der *r*-casus der adjectiva und comparative bei Grein ca. 1670 mal ausstossung des vocals; an ausnahmen fanden sich vereinzelt *zìfere* Wr. gloss. 50, *zeômore*

---

[1]) Alts. *sumbal*, wie Heyne ansetzt, ist falsch, es muss *sumbil* heissen oder wir haben einen neutralen *i*-stamm *sumbli-* anzusetzen.

[2]) In *hryðeru*, das seinen vocal meist bewahrt, scheint verkürzung der stammsilbe eingetreten zu sein; sonst wäre auch die nebenform *hruðer*, welche Lye mehrfach belegt, nicht wol erklärlich.

[3]) Nicht *ædre, hreðer*, wie gewöhnlich angesetzt wird; kurzsilbige wörter dieser form müsten bei der häufigkeit ihres vorkommens nebenformen wie *ædere*, *hreðeres* aufweisen, wie sich unten ergeben wird.

[4]) Nicht *afor*, wie Grein ansetzt; das wort ist doch gleich ahd. *eibar* Graff I, 100; ebenso *hlæ̂der* = ahd. *hleitra*.

B. 151, *zeômuru* B. 1075, *mynsterum* Guthl. 387, *ôðere* Gen.
1805. Andr. 689, *sylfore* Räts. 15, 2; *feówere* Räts. 37, 3, *wuldores* Sal. 112; ferner 16 mal *dòʒores* etc. gegen 11 mal
dôʒres, 19 mal *biterc(s)* und 10 mal *snoteres* etc. (*snyteru*).
Was es mit dem auffälligen *dòʒor* für eine bewantnis hat, vermag ich nicht zu sagen; erklärlich sind die ausnahmen bei
bitter und *snottor*, die ja ursprünglich kurze wurzelsilbe haben.
Im ganzen also bleiben 9 eigentliche ausnahmen, denn das
regelmässige *câsere* ist als fremdwort auszuschliessen.

c) mit *m*: *âdm, bôsm, mâðum, blôstm* (*blòstma*), *breahtm, wæstm,
wæsma* (zu ahd. *uuahsamo*). Stets ausgenommen ist *fultum*, das
überall unverschrtes *u* zeigt, auch in der ableitung *fultumian*
(weil das *u* tieftonig war?); schwanken herscht bei den superlativen auf *-ema, -emest* : *norðmestan* Metra 9, 13, *westmest* ib.
16, 11, *ŷtmest* Guthl. 414. Metra 10, 25; aber *hindema* B. 2049.
2517, *ŷtemest* Gûthl. 1140. Crist 880 (viele andere beispiele
dafür gibt Lyc s. vv.);

d) mit *n*: Hier finden sich grössere unregelmässigkeiten. Die
regel, dass nie irrationaler vocal eintrete, trifft zwar hier stets
zu: vgl. bei Grein *beácen, fâcen* nebst *fâcne, frêcen* und *frêcne,
ʒâsne, lŷʒnan, tâcen* mit *tâcnian* und *tâcnan, wâpen, wolcen,
wrâsn, wrâsnan, fiersn*; unter diesen finde ich ausnahmsweise
nur *ʒêsine* Ex. 528; regelmässig erscheinen ohne mittelvocal
die verba auf *-nian*, mögen sie auf germ. *-inôn* oder *-anôn* zurückgehen oder den ostgerm. auf *-nan* gleichkommen (Zimmer,
Haupts zs. XIX, 416 f.), vgl. *âʒnian, bâsnian, brytnian, costnian,
cristnian, drohtnian, eácnian, ehnian, fæstnian, hæftnan, hyrcnian,
lâcnian, molsnian, onhohsnian, wâcnian* nebst *wâcnan, witnian*;
ferner unterliegen der regel die wörter *dryhten* (ausser Gen. 17.
Sat. 44. 164. Ps. 68, 37. Hymn. 7, 98. 9, 30), *ellen, þeóden*;
auch *fâmne* darf wol hierhergestellt werden; dagegen schwanken
die substantiva *âfen, morʒen* [1], *cristen* (*nêten* mit urspr. endung
-în?), *fæsten* n., die participialadjectiva *âʒen, eácen* (sowie *hâðen*)
und alle participia praeteriti, welche namentlich in jüngeren
denkmälern die erhaltung des *e* vorziehen; aber ältere sorg-

---

[1] *âfen* und *morʒen* schwanken auch nach der analogie der
feminina auf *-en* aus *-inja*, wie *fæsten, ʒŷmen, lencten, merʒen, wêsten,
wyrʒen*, haben also *nn* in den casus obliqui.

fältige hss., z. b. die der Cura pastoralis, lassen auch hier das
gesetz erkennen. Der spätere zustand ist wider das product
einer ausgleichung. (Die adjectiva auf -en aus -in s. weiter
unten.) Die acc. sg. m. der adjectiva haben regelmässig -ne,
blind-ne etc.

e) mit *s*: Die regel ist durchgeführt: *blîð-s, mild-s, zél-sa*;
verba *bléd-sian, blîð-sian, clǽn-sian, fél-sian, zîtsian, hál-sian,
mér-sian, mild-sian, min-sian, rîc-sian, sum-sian, yr-sian.*

f) mit *þ*: die feminina auf -ð(u) aus -iþa, belege s. Beitr.
I, 501; unregelmässig *eahtoðu* = got. *ahtuda*[1]);

g) mit *d*: *heáfod, éled* (nicht *heafod, æled,* vgl. s. 71 anm. 3
und Schubert, de Anglosax. arte metrica p. 30 f.) und alle
praeterita und flectierten participia praet. der langsilbigen verba
der *ja*-classe. Von diesen sind meist ausgenommen diejenigen
verba, die auf muta + sonorlaut ausgehen: *fréfredest* Ps. 85,
17, *afréfrede* nom. pl. part. Ps. 125, 1, *lýgnedon* Crist 1120,
atydrede desgl. El. 1279, *efnede* Dan. 183. El. 713. Ps. 98, 8,
arefnede Ps. 68, 21 neben häufigem *efnde, refnde,* s. auch Begemann, schw. praet. 126. — Subst. ausnahme *hémede(s)* Metr.
18, 2. 10, *læppedu* Lye.

h) mit *t* finde ich nur das beispiel *ylfetu, ylfete* (mit erhaltung des mittelvocals), denn bei den verbis auf -*etan* aus ursprünglichem -*atjan* (gr. II, 218) und substantiven wie *lîzete* (gr.
II, 214. 220) waren die mittelvocale durch position geschützt
(daher auch noch oft genug formen mit *tt*, das freilich meistens
durch die accentlosigkeit seiner silbe zur einfachen tenuis
herabgesunken ist, s. Beitr. IV, s. 537).

i) mit *g* gehören hierher die adjectiva auf ursprüngliches
-*ag*, denen die auf -*îg* im ags. gleich behandelt werden. Bei
beiden classen stehen volle und gekürzte formen in nicht sehr
verschiedener anzahl einander gegenüber, doch so dass die längeren formen noch das übergewicht behaupten. Die abgelei-
teten verba auf -*ôn* ziehen dagegen wie es scheint die gekürzten formen vor, indem die schwere endung mit grösserer entschiedenheit den tiefton auf sich zog als die adjectivischen

[1]) Hier mag teils die consonanthäufung schützend mitgewirkt haben,
teils streben nach deutlichkeit, denn da *tð* im ags. einfaches *t* ergibt,
wäre bei syncope des mittelvocals die ordinalzahl mit der cardinalform
eahta zusammengefallen.

flexionsendungen: *hâlʒian, zemắtʒian, zemêôʒian, môdʒian, myndʒian, sârʒian, wîtʒian*; an ausnahmen habe ich aus Grein nur notiert *onlîðiʒian* Sal. 256, *ofermôdiʒan* Ps. Th. 9, 11. Metra 17, 16 (*witiʒað* Dan. 480?) — Uebrigens ist es hier sehr schwer zu sagen, ob *iʒ* hier wirklich vocal + cons. oder nur den cons. *j* ausdrücken soll.

2. Position schützt im allgemeinen gegen den ausfall; so bleiben unversehrt die adjectiva auf *-isc* wie *entisc, mennisc* (mehrsilbig *eotonisc*; in der poesie sind übrigens diese adjectiva nicht häufig); dazu subst. *mennisc, ắwisce, hinwisce* Lyc; die meisten superlative auf *-est(a)*, wie *ắresta, yldesta, strenʒesta*, bei denen syncope erst spät eintritt; doch stets *hŷhsta, nŷhsta*; ferner immer unverkürzt *eornest, hærfest, henʒest*, schwankend *ôfost* nebst *êfstan* (dies regelmässig so) und *ắfest*, merkwürdigerweise stets verkürzt *fylst* und *fylstan*, obwol hier alte länge vorzuliegen scheint (ahd. *folleist*, doch auch alts. *fullist*. Unbedingt schützt wie im nordischen (s. 65) verbindung von sonorlaut + consonant: *færeld, þyrscwold; fắtels, wrîʒels* (vgl. auch *bridels*; die übrigen gr. II, 334 angeführten worte nur bei Lyc belegt); ferner die part. praes. und flectierten infinitive, sowie die feminina auf *-el, -en*, gen. *-elle, -enne*, wie *condel, rắdelle, byrðen, -rắden, merʒen* (Beitr. I, 492).

3. Auch alte länge wird in offener silbe öfter syncopiert. Hierher fallen die bereits erwähnten adjectiva auf *-iʒ* aus *-îg*, die auf *en* aus *-în : ắren, fŷren, hắwen, hwilen, lắmen, stắnen* (syncope belegt durch *fŷrnum* Crist 733. Panth. 60. Andr. 1380, *hwilnan* Walf. 87, *stắnne* acc. sg. f. Crist 641); desgl. subst. *mæʒden* (sync. *mæʒdnes* Jul. 608); *ticcen* Lyc. Auch im schwachen gen. pl. ist ausfall gestattet: *ârna, lârna, eárna, Seaxna, wisna, sorʒna, eáʒna, Francna, Myrcna, Heaðobeardna* (also besonders nach *r, s* und gutturalen?) In den adjectiven *eásterne, norðerne, sûðerne, westerne* aus *-ôni* ist entweder ebenfalls syncope oder metathese eingetreten. Altes *-oð* schwankt in *mônað*; von *folʒoð, innað, lanʒoð, earfoð (earfeðe)* finde ich nur volle formen, ebenso bei denen auf *-noð*, gr. II, 254 f., und *ânad, huntod*, sowie den verbis der *ô*-classe und den superlativen auf *-ôst*. Hier mag die conservierung ihren

grund vielleicht in der tieftonigkeit des vocals haben (s. 66);
aber auch sonst scheint die syncope auf solche fälle beschränkt,
wo nur sehr einfache consonantgruppen durch sie erzeugt
werden.

B. Nach kurzer wurzelsilbe.

1. Ursprünglicher[1]) mittelvocal wird erhalten:

a) vor *l*: in *Amulinz, zædelinz; adela, Filela, zerela, heafola,
neafola, byrele, pecele;* in den mehrsilbigen formen von *atol,
Eatul, esol, fetel* (*zafol*), *zamol, hamol* (in *hamelian*), *staðol, stapol* (*sotol, swaðol, sweoðol, sweotol*), *swicol, rezol, tizol* (nebst
tizele), *yfel* an ca. 440 stellen. Doch schwankt zur syncope
von diesen *yfel* (47 mal mit, 34 mal ohne vocal, wahrscheinlich wegen des *f*, s. unten s. 77 ff.), und *byrele*; einmal steht
gesweotlad Räts. 81, 18; *tizla* Wr. gl. 38. Stets syncopieren
lytel und *bridel*, nur Dom. 8 steht einmal *lytulu;* aber ahd.
luzzil und *brittil* (häufiger als *britil*, Graff III, 209) weisen hier
auf geschärften consonanten hin, der positionsbildend wirkte;
ferner *micel* ausser Men. 124. Ps. 67, 18. 111, 6. Hymn. 7, 94
(alles junge quellen), *ysle* 6 mal, *mynle* 1 mal, *neowol* 16 mal
(*neowles* und *nedles*, also etwa *neówol* anzusetzen) und *acol*, das
gewöhnlich mit kurzem *a* angesetzt wird, dem man aber eher
á zuschreiben darf, u. s. w. Das fremdwort *tæfle* halte ich nicht
für eine ausnahme, da es jedenfalls aus einer bereits verkürzten vulgärform *tavla* herübergenommen ist; *tavula* hätte notwendig *teafol(e)* ergeben müssen. Ueber zweifelhaftes s.
unten.

b) vor *r*: *eafora, hizora, ufera, zeniðerian, smicere*(?), *Wede-
ras,* ferner *ceafor, codor, eofor, fetor, hamor, heaðor, rodor,
welor(as); nicor; sizor, salor, teapor,* zusammen gegen 300 mal;
ausnahmen *eafrum* Gen. 399; *fetre* Gn. ex. 76, *heaðre* Räts.
66, 3 (?), *zeheaðrod* El. 1276, *homra* Jul. 237, *nicras* B. 1427,

---

[1]) Die ursprünglichkeit derselben ergibt sich 1) aus dem auftreten
zweisilbiger nom. m. mit vocal in der schlusssilbe im got. und nord., wie
atall; 2) aus dem auftreten von ahd. alts. *i, u* in der ableitungssilbe, wie
in *fezzil*, zugleich am eintritt des *i*-umlauts im ags. ersichtlich; 3) aus
dem eintritt der *u*-umlaute im ags. oder der beibehaltung der *a*. Oben
sind diejenigen worte in klammer gesetzt, für welche zeugnisse aus den
verwanten sprachen nicht zur hand sind.

rodres Metra 28, 3. Räts. 14, 7, zusammen S. Eine ganz singuläre stellung nimmt diesen gegenüber *hwæder* nebst seinen compositis und dem adv. *hwædere* ein; man sollte hier nach got. *hvaþar* consequent dreisilbige formen erwarten, und doch belegt Grein zweisilbige formen an 70 stellen, dreisilbige, allerdings nicht ganz vollständig, an 26 stellen. Eine begründete erklärung für diese erscheinung kann hier noch nicht gegeben werden, doch mag schon jetzt darauf hingedeutet werden, dass man vielleicht das got. -*ar* für speciell ostgerm. form halten darf, zumal *a* doch nicht regelmässiger vertreter des hier zu recht bestehenden europ. *e* (πότερος) sein kann. Dann fiele *hwæder* zu der classe der worte mit irrationalem vocal, und damit wäre zugleich der auffällige vocal *æ* erklärt. Diese auffassung wird ausserdem durch das verhalten von ahd. *ander*, alts. *ôðar* bestätigt, worüber weiter unten das nähere. — Eine wirkliche ausnahme bilden die *r*-casus der adjectiva und die comparative, die beide übrigens nicht sehr häufig sind; bei Grein finde ich nur *gromru*, *unsædre*, *litra*, *blacra* (Crist 897, das *a* zu beachten), doch auch *blacere* Sal. 27; für den comp. *glædra*, *hrædra*, *hwætra*, *wærra*, dazu aus Lye *lætra* und *sleacra;* nur *betera* wechselt mit *betra* ab (s. superlativ). Da sich dieselbe unregelmässigkeit auch im acc. sg. m. widerholt (bei Grein sind belegt *zlædne*, *hildesædne*, *litne*), so darf man wol an einen einfluss der überwältigenden masse der langsilbigen adjectiva denken.[1])

c) vor *m: meodum*, *waðum*, *waðuma*, sodann die superlative *niðemest*, *yfemest* bei Grein, dazu aus Lye *lætemest*, *medema*, *medemest* nebst den ableitungen *medemian*, *medemunʒ*, und *weotoma*; nur einmal *yfmest* Metra 24, 20.

d) vor *n:* subst. *gamen; Heodeningas*, *Bryten*, *Eotenas*, *eoton*, *ʒeofon*, *heofon; cylene*, *cymen* (Lye), *firen*, *ʒyren*, *Haʒena*, *þecen* (*þiʒen*, *hufen*)[2]); adj. *open*, *recen* nebst dem adv. *recene*, dazu *niʒon*, *seofon; verba ʒedafenian*, *hafenian*, *ʒlitinian*, *openian*, *ʒerecenian*, *teofenian*, *ʒeþawenian*, *warenian* (letztere geschieden

---

[1]) *nive* und *dryge*, von denen *nivne*, *nivra* und *drygne* vorkommen, sind wegen der unsicheren quantität des wurzelvocals ausser acht gelassen.

[2]) *lygen* ist nicht echt ags., s. meine schrift: Der Hel. und die ags. Genesis s. 11. 35.

von den verbis auf einfaches *na*, s. unten); zusammen ca. 240 mal belegt; dazu kommen noch alle kurzsilbigen participia pract. der starken verba, die als nichts beweisend (s. 72) hier übergangen werden können. An ausnahmen finde ich *firnum* Sat. 128. 435, *dufnað* Wr. gl. 40 (dass hier der ausfall nicht alt ist, zeigt das *a* der wurzelsilbe), (*and*)*leofne* Gen. 933. Phön. 243. Andr. 1125, wenn dies wort = got. *libains* ist, endlich 28 mal *heofnes* etc.; nämlich 17 mal in der Genesis (und zwar fallen 13 stellen in das von mir als ursprünglich deutsch ausgeschiedene stück B, das nur etwa 600 verse umfasst), 7 mal im Satan; sodann in der späten hs. B des Sal. 37. 40 und Crist 778. Zweifelhaft bin ich über die stellung von *fæzen* (nebst *fæznian* etc.) und *mæzen*, welche meist das *e* nicht zeigen; dazu treten *zezn* in *tôzeznes* u. s. w., *reznian*, *rênian* = got. *raginôn* und *sezne* = lat. sagena, welche nie ein *e* aufweisen. Nach got. *faginôn*, altn. *feginn*, altn. ahd. *megin*, altn. *gegn*, ahd. -*gegin* mit umlaut u. s. w. sollte man hier ursprünglichen vocal und also conservierung erwarten. Wenn dies richtig ist (was freilich bei der noch sehr zweifelhaften geschichte der ersten beiden worte noch keineswegs für ausgemacht gelten kann, s. unten s. 79 anm. 2), so müssen diese formen wol nach der analogie der practerita *lezde*, *sæzde* beurteilt werden, welche ebenfalls unregelmässig ihren vocal nach *z* ausstossen (s. auch unten *z*).[1] Im schwachen gen. pl. finde ich nur -*ena*, nicht -*na* wie teilweise bei den langsilbigen (s. 74): *banena*, *wilcumena*, *dropena*, *Gotena*, *zumena*, *wærlozona*, *welena*, *wilena*; *carena*, *fremena*, *zifena* u. s. w. (vgl. Beitr. I, 489); ausnahme *Fresna*.

c) vor *s*: *adesa*, *ezesa*, *sezese*, *yfese* (Leo 69. 465), *cyfes* Lye und die mehrsilbigen formen von *ides* nach der regel, doch auch oft *ezsa*, *ezsian* Grein I, 221 f. (wider mit *z*). Von verbis fallen hierher die neubildungen *zemëtsian* und *wansian*, das ich nur mit einer stelle bei Lye belegt finde (altes -*isôn* hätte umlaut hervorrufen müssen), welchen sicher langsilbige typen zum muster gedient haben; *hlynsian* und *svinsian* dagegen scheinen wirkliche ausnahmen zu sein (wenn sie nicht urspr. *nn* hatten).

---

[1]) Die ausnahmen beschränken sich also im wesentlichen auf das zusammentreffen des *n* mit den tönenden spiranten *f* und *z*; beide verbindungen sind auch sonst im ags. häufig, s. unten s. 80.

f) vor *þ*: *Hæreðas, ʒifeðe, hæleð; niʒoða, seofoða, duʒoð, ʒeoʒoð; daroð, eufoð, furoð, frucoð, opað, seoloð, seonoð, sweoloð* (also nicht *sweóloð*, das wort gehört zu *swëlan*), *waroð*; ausgenommen drei beispiele von gekürztem *orað* (darunter eins im nom.), die Grein II, 357 aus prosaquellen anführt und das schwankende *mæʒeð* mit überwiegen der gekürzten formen und *Gefðas;* hier scheinen abermals die *ʒ* und *f* massgebend gewesen zu sein; ferner die substantiva *frymð, ʒemæʒð* (?, potentia Lye, einmal), *selð, gesihð, tilð* [1]) (das letztere nur 2 mal bei Lye belegt). Diese sind nach analogie der kurzsilbigen adjectiva (s. 76) als anlehnungen an die zahlreichen langsilbigen feminina auf -ð(*u*) zu betrachten. Die geringe zahl dieser ausnahmen schmilzt aber noch mehr zusammen, wenn man erwägt, dass *selð* nur einmal in dem deutschen stück der Genesis, v. 785, das gleichbedeutende *ʒeselð* nur einmal in den Metra bezeugt ist, die wir nur aus späten abschriften des verlorenen originals kennen, und den verdacht erweckt, dass es nur fehlerhafte überlieferung für *geseld* sei, welches neben dem reichbelegten *seld* und ableitungen nicht auffallen kann. Von *gesihð* hat bereits J. Grimm gr. II, 233 bemerkt, dass es fehlerhafte schreibung für *ht* habe, da eine germ. bildung auf -*iþa* hier fehle; wir werden diesen ausspruch nur dahin zu modificieren haben, dass *ʒesihð* für **ʒesiht* eine anlehnung an die ð-feminina sei.

g) vor *d*: *eced, ræced, nacod, meolod, weorod, Winedas (forod, witod* participia? Grein I, 329. II, 726 s. v. *vitian*) stets nach der regel[2]); ebenso die schwachen praeterita, ausser *leʒde, sæʒde*, deren anomalie bereits besprochen ist, und mehrere verba auf *k, t, d, l*, welche ihr praeteritum nach art der langsilbigen bilden, wie *reccan reahte, settan sette, treddan tredde, tellan tealde*, s. gr. I, 904. Begemann, schw. praet. 125 ff. und unten III, I, B und IV.

h) vor *t*: *eofot, ganot, oret, sweofot, monetian;* das fremdwort *mynet* nebst *mynetian, mynetere* in zahlreichen beispielen bei

---

[1]) *hygð*, das gr. II, 245 angeführt wird, finde ich nicht in den lexicis, die nur *hygd* = got. *-hugds* kennen.

[2]) *fremde* = got. *framaþs* dagegen weist ein *e* nur äusserst selten auf, Ps. 50, 9. Sal. A 34.

Lye, alle nach der regel (*myntan* Grein II, 271 'es auf etwas
gemünzt haben' gehört nicht zu *mynet* und überhaupt nicht
hierher); nur *heorot* zeigt wie im nom. so auch in den mehrsilbigen casus öfter kürzung, Grein II, 69. 787.

i) vor *ʒ:* Hier sind die erscheinungen ebensowenig sicher
abgegrenzt wie bei den langsilbigen worten (oben s. 73); die erhaltung überwiegt. Ich stelle zur übersicht einfach die verhält-
niszahlen einer reihe von worten nach Grein hierher; die erste
zahl gilt dabei den volleren formen: *bysiʒ* 10 : 26, *dysiʒ* 15 : 2,
hefiʒ 13 : 1, *huniʒ* 6 : 0, *lytiʒ* 2 : 0, *moniʒ* 81 : 18, *meniʒo* 46 : 23,
weliʒ 9 : 2, *wlitiʒ* 42 : 0, *ʒemyneʒian* 1 : 0, *ʒemetiʒian* meditari
9 : 1, *ʒemetʒian* temperare 0 : 7, *Widʒa* 2 : 2.

k) vor *k* nur wenige beispiele: *ʒeoleca, 3ifica, Sifeca, heafoc,
munec* nach der regel, daneben *cirice, meoluc, seoluc* mit
schwankendem vocal.

l) vor *st* ist mir nur *betsta* etc. mit consequenter kürzung
zur hand; für andere fälle von position mangeln mir ebenfalls
belege.

2. Es kann irrationaler vocal eintreten. Dies hängt
aber von den umgebenden consonanten ab. Er erscheint:

a) vor *l* fast nie, meist auch nicht in endungslosen formen:
s. *botl* (nebst *bytla* und *bytlian*), *setl, friclun* (oder dies, wegen
des nicht 'gebrochenen' *i* zur vorhergehenden abteilung als ausnahme bei *micel* s. 75 einzuschalten?), *eʒl (eʒle, eʒlan), hæʒl,
hrœʒl, næʒl, seʒl, sweʒl (siʒle?); nifol, swefl, ʒesyflan, tæfl* (s.
oben 75), *wefl, fœsl, mæðl (mæðlan), wædl, simle* ca. 300 mal
bei Grein belegt; hierzu kommen noch 13 formen von *ʒeaʒl,
ceaflas, ʒeaflas, meaʒol,* wenn diese worte hierher gehören [1]),
und 33 von *fuʒol;* an ausnahmen habe ich notiert 1 mal *fri-
colo* bei Grein I, 347 aus Wanley's Cat., *hæʒelas* Räts. 43, 11 [2])

_____

[1]) Der einfluss des anlautenden gutturales genügt, um die gestalt
des wurzelvocals bei den drei ersten wörtern zu erklären, vgl. *ʒeaf,
ceaf* etc.; **maʒla-* ergäbe aber nur **mœʒl; meaʒol* ist deswegen entweder auf **maʒula-* zurückzuführen oder wahrscheinlicher als *meaʒol*
anzusetzen.

[2]) Es scheint, dass von alters her bei diesem worte doppelstämme
bestanden haben. vgl. *haʒol* und *hœʒl,* altn. *Hagall* und *hagl.* Möglicherweise gilt das auch von *mœʒen,* vgl. altn. *magn* und *megin,* Wimmer

und 13 formen von *fuʒol*, endlich heisst es stets, 44 mal, *maðolian*, eine ausnahme gegenüber dem ebenso consequenten *mæðlan*, die ich nicht zu erklären weiss. Es scheint allerdings fast, als ob eine lautumgebung mit dunklem timbre den eintritt des vocals begünstige.

b) vor *r* erscheint er häufig als mittelvocal nach dentalen und gutturalen und stets in den endungslosen formen (nom. acc.); vgl. *ceder, fæder, weder, gewidor; wæter, feðer, sweðrian, æcer, fæʒer, leʒer, þunor* nebst ihren ableitungen bei Grein. Von labialen finde ich nur *ʒeonʒewifre, næfre* und die obliquen casus von *tiber (tifres* etc.), stets ohne mittelvocal; von *teofrian* ist mir nicht sicher, ob es hierher gehört; *lyðre* und *wiðre* belegt Grein nur in dieser form; da aber die worte nicht gerade oft vorkommen, so wird es schwer sein zu entscheiden, ob dies nur zufällig ist oder darauf beruht, dass hier keine endungslosen formen zur seite standen, welche den eintritt des mittelvocals begünstigen konnten.

c) vor *m* erscheint kein mittelvocal: *botm, unflitme, unhlitme, fæðm, hoðma, drysmian, þrosm, aþrysman* nebst ableitungen; nur einmal *aþrysemodon* aus Oros. angeführt bei Grein I, 46.

d) vor *n* in der regel kein mittelvocal, *fn* wechselt mit *mn; ʒn* verliert oft das *ʒ* mit hinterlassung von dehnung, beides anzeichen dafür, dass beide consonantgruppen nie durch einen vocal getrennt waren. Beispiele: *wæcnan, wæcnian; bræsne (bræsne?), brosnian, bysn, esne, glisnian, hlosnian, lisne, andrysne, ʒerysne, forwisnian; ʒenamne, nemnan, samnian, semninʒa, ymn; efn, efnan, efne, hræfn, nefne, refnan, stefn, stefnan, swefn; friʒnan, reʒn, seʒn, þeʒn, þiʒnen, wæʒn.* Nur in endungslosen formen dringt bisweilen *e* ein, *bysen* Andr. 973. Guthl. 146. Metra 12, 7; *efen* öfter, Grein I, 218 f., *ʒefræʒen* B. 1011. Ind. 7. Sat. 225, *hrefen* El. 52. *seʒen* B. 47. 1021. El. 124; *swefen* Dan. 129. 148. 159. 165. 496. 529. 553. 654; *þeʒen* Sat. 388. 485. Dan. 443. Andr. 528. Byrhtn. 294, und von hier aus wird es ganz selten auch in die formen mit vocalischer endung eingeschleppt: *bysene* etc. Gen. B 651. 680. Guthl. 499; *þeʒena(s)* Metra 9, 56. Byehtn. 205. 230. 232.

§ 37, anm. 1 (die freilich auch eine ganz andere deutung zulassen), ahd. *magan* und *meʒin*.

Andere consonanten kommen hier nicht in betracht, es sei
denn dass man die einschiebung eines vocals vor ableitendem
ja und *va* hierher rechnen wolle, die sich bekanntlich ebenfalls
auf kurzsilbige wörter beschränkt: *her(i)ʒes, ner(i)ʒean, we-
r(i)ʒean; beal(o)we, feal(e)we, ʒeol(u)we* (Lye), *swalewe* (alter
vocal in *widewe*); *bear(o)we, ʒear(o)we, near(o)we, sear(u)we;
bead(u)we, sceadewiʒean* u. s. w.[1]

II. Zwei mittelvocale.

Regel: Es wird (wie im nordischen) der zweite syncopiert, ohne rücksicht auf die quantität der wurzelsilbe; es erscheint vor dem verkürzten suffix der rest des
wortes in derselben form wie unflectiert. Es fallen hierher
fast nur die comparative und starken casus mit ursprünglich
zweisilbiger endung von adjectiven mit ableitendem *-l, -r, -n,
-iʒ, -d, -isc,* z. b. acc. sg. m. *îdelne, dêʒolne : eatolne, swicuhne,
yfelne, neowulne; eówerne, ʒeócorne, (hyʒe)ʒeômorne, hlûtterne,
(forð)snotterne, uncerne, fæʒerne, hwæðerne; âʒenne, ǽttrenne,
eácenne, fŷrenne, hǽðenne, hwǽtenne, îrenne, stǽnenne* und die
accusative der starken part. praet.; *(æl)mihtiʒne; dreóriʒne,
hâliʒne, synniʒne* etc.: *dysiʒne, hefiʒne, maniʒne, wlitiʒne, nacodne*
Lye, *weotodne* und die acc. der schwachen part. praet.; *men-
niscne* u. s. f.[2]); gen. dat. sg. f. und gen. pl. *îdelra, ʒearu-, hiʒe-
þoncolre, searoþoncolra : ʒomelra, sweotulra; ʒeômorre, ôðerre,
ôðerra, forðsnotterra; hǽðenra, frêcenra (-en-* aus silbenbildendem *n); eádiʒra, hâliʒre, -a, môdiʒre, -a* etc.: *dysiʒra, maniʒre,
-a; witodre* u. s. f.; comparative wie *snoterra, fæʒerra, fæʒenra,
hefiʒra, wlitiʒra* etc. Beim zusammentreffen zweier *r* treten
hier oft verkürzungen ein: in adjectivcasus z. b. *eówere* Guthl.
679; *ôðere* Gen. 1694, *ôðera* Gen. 1338, *snotera* Ps. 106, 42.
Seel. Ex. 128. Cräftas 41; *eówra* B. 634, *incre* Gen. 557; *ôðre*
Gen. 1868. Räts. 22, 10, *ôðra* Runenl. 7. Metra 26, 90, *snotra*
Hymn. 3, 16. Secl. Verc. 128; *lyðra* Ps. 126, 5; beim comparativ *rǽdsnoteran* Andr. 473, *fæʒ(e)ra* 5 mal, Grein I, 270.

---

[1] Von langsilbigen wird sich schwerlich viel mehr finden als *rǽswa.*

[2] Auch die *ja*-stämme auf zwei consonanten verlieren das mittlere
e im acc., so *heoroʒîferne* mit irrationalem vocal vor dem *r,* aus
ʒîfr-ne; ferner mit verkürzung der beiden *n fǽcne, frêcne, ʒêsne,
sûðerne* (Byrhtn. 134) gleich den nominativen, s. Grein s. vv.

4

Ausgenommen sind natürlich alle silben, deren vocal nach
s. 74 f. überhaupt nicht syncopiert werden kann oder die
als tieftonig anzusehen sind, namentlich die schwachen praeterita und participia auf -ode, -od und die superlative auf -ost,
-esta (vgl. auch s. 66 f.).

Als principien des ags. verfahrens ergeben sich hiermit:
erhaltung des unbetonten mittelvocals nach kurzer,
tilgung desselben nach langer wurzelsilbe; irrationale
vocale erscheinen, übereinstimmend hiermit, vor sonoren meist
nur in unflectierten formen (d. h. da wo der sonorlaut in folge
des vocalischen auslautsgesetzes als silbenbildner auftreten
muss, wie in æcer, fin͡zer aus *akraz, *fin͡zraz); in flectierten
formen sind sie in beschränktem masse nach kurzer wurzelsilbe gestattet.

III. Altsächsisch.

Das altsächsische unterscheidet sich wie das althochdeutsche von den beiden bisher behandelten sprachen durch
die umfänglichere erhaltung unbetonter vocale. Wo wir dort
consequente tilgung fanden, dürfen wir hier im allgemeinen
nur auf ein gelegentliches schwanken zwischen syncope und
erhaltung rechnen; aber dies schwanken folgt denselben gesetzen wie im angelsächsischen die syncope.

I. Einzelner mittelvocal.

A. Nach langer wurzelsilbe.

1. a) Nicht durch position geschützte kürze kann
ausfallen; b) irrationaler vocal erscheint nur in den
unflectierten formen (in diesen aber regelmässig, während
im ags. wenigstens l, m, n häufig als silbenbildner ohne vocal
stehen). Beispiele:

a) mit l: von a) schwankend nur diuƀal: diubules M, diuƀales
C Hel. 1366, diobole(s) Sächs. beichte, diuuilo Hom. (MSD. LXX,
Heyne v); aber diublas, diublun etc. Hcl. 2279. 4442 [1]); stets
bleibt altes i und u, in engil, îdil, luttil, fillulôs, murmulôn (ôthil

---

[1]) Einfache zahlencitate im folgenden beziehen sich stets auf den
Heliand. Die Psalmen sind als nicht sächsisch natürlich ausgeschlossen.

nur unflectiert); zahlreichere beispiele in den gl. Prud. (Zs. f.
d. alt. XV, 517 ff.), *thrembilôs* 204 (vgl. 670), *friuthilo* 246,
spinnilun 251, *stengilu* 268, *thiathili* 389, *ginestilôd* 688.
Von b) finden sich unflectiert *cumbal, dôgal-* gl. Prud. 444. 531.
545, *fercal, tungal, uuehsal*, doch auch *uuesl* M 3738; flectiert *cnôsles*
etc., *sumble, tunglun, -as;* dazu *ahsla, nâdlun, tuîfli* nebst ab-,
leitungen, *uuandlôd* etc. gl. Arg. Psalmencomm., *uuehslôn, gislôs*
gl. Prud. 675, *thislun* 716 f., *handlôn* 369. 641.

b) mit *r:* die *r*-casus der adjectiva syncopieren nicht, ausser
einmal *lungro* für *lungrero* C, während M fälschlich *lungaró*
hat, 1247, und einmal *mahtigro* C, *-oro* M 2262, ein fall der
eigentlich erst unter II zur sprache zu bringen ist. Die comparative schwanken, s. das verzeichnis bei Schmeller II, 178
und unten s. 86. Die wörter auf *-ari, -eri*, Schm. II, 174 a
behalten stets ihren vocal, ebenso *kêsur; hônero* Frck.. *martiro*
Hom., aber *meira(s)* zu *meiur* Frek., *eiro* Frek. 124. 361. 425,
prêstrôs Conf., *sostra* sextarios Ess.; im Hel. schwankend *mor-
gano* C, *morgno* M 601; stets syncopiert *ôther* in der flexion,
Schm. II, 86, ausser *ôdaru* CM 3208, *ôdara* M 3228, letzteres
fehlerhaft für *ôdran* C[1]). — Von b) unflectiert *aldar, bittar,
clûstar-, duncar, embar, êttar* (gl. Prud. 605), *hlûttar, hungar,
iâmar, lastar, maldur, sundar, timbar, uôther, uuintar, uundar,*
flectiert *aldres*[2]), *bittres, clûstron, fingru, hêdra, -ôn, hlûttres,
hungres, lungres, smultro, sûbreas, sundron, gitimbrid, uuestron,
uuintro, uundres, -ôn;* dazu *âdro* (s. 71, anm. 3), *frôfra, -ean,
gambra, nâdra, thiustri.* An schwankungen sind zu verzeichnen
accare, -o 2567 C (fehlt M), 2592 CM und *hlûtteran* C 898.
1719; *hlûtturu* C 1935, *hlûttaron* M 4449 neben vielen formen
ohne vocal, Schm. II, 58; sodann *aldares* C 3485, *lastares* C,
-eres M 5229 und *brôdarun* M 3391; *hêderun* Comm., *hunderod,
âsteron* Frek., *nâdara* gl. Prud. 367 (gegen 258), *blâdarun* 308,
êttaraga 624.

c) mit *m:* die dative sg. m. n. der adjectiva haben stets
-umu (-amo, -omo, -emu) oder daraus durch verlust des schluss-
vocals gekürzte formen, niemals *-mu* als endung; vielleicht

---

¹) Vgl. das s. 76 über ags. *hwæðer* bemerkte und unten s. 89.
²) Ich gebe der kürze halber in der regel nur eine casusform als
beleg an, auch wo mehrere casus bezeugt sind.

deutet dieser umstand noch auf die einstige schützende gemination des *m* zurück. Sonst findet sich alter vocal vor *m* wol nur in *uuânam, -um*, auch in der flexion. Irrationaler vocal in *âthom, mêthom-, uuastum*, dazu flectiert *bôsme, brahtmu, mêthmôs, uuastmes* (auch *fêhmia*).

d) mit *n:* einsilbige adjectiva auf -*a* (resp. zweisilbige *ja*-stämme, nom. -*i*) haben im acc. sg. nur -*an: allan, aldan, blîthian, ênan, gôdan, grôtan, hêlan, hêtan, hôhan, holdan, huôtian, iuuuan, langan, lêthan, liotan, mârian, middian, mildian, mînan, rîkian, sînan, selban, spâhan, starcan, suâran, thriddean, ûsan, uuîdan, uuîsan, uuissan*, dazu auch *hlûttran* (über *ôthran* und die mehrsilbigen adjectiva s. s. 88 f.); ausnahmen *ênna* 33 mal gegen 8 *ênan*, wenn man die fälle beider hss. zusammenzählt; *antlangana* MC 4225; *môdspâhana* M, -*hna* C 1192; *gôdene* M 4775, *mildiene* M 3861, *scîrana* C 2008, vgl. 2908; *uuîdana* MC 2289, *uuîdene* M 2881. Altes *a* bleibt ferner stets im starken part. praeteriti: *gibolgane, gibundane, drunkane, giuuahsanes, giuunnanes* Hel., *farlâtanero* Conf., *begungana* Hom., *giscêthanes* Frek., *giuurungana* gl. Prud. 226 und in den ortsadverbien *ferrana, ôstana, uuestana;* ebenso *êuuana* C 1302 (*êuuiga* M); aber *thiodne(s)* C 4956. 4962. 5045. 5151, wo M *thiodane(s)* hat und C 2549. 3283. 3996. 4693. 4737. 5369, wo M fehlt, gegen einmaliges *thiodene* C, *theodone* M 3056. Altes *i* erscheint in *hêthina(n)* 3238. M 4167 und *drohtine(s)* 140 etc., wenn Paul, Beitr. IV, s. 427 recht hat, hier ursprüngliche kürze anzusetzen[1]); geschwunden ist es in *uuîtnôn* (s. auch gl. Prud. 654. 660), *fastnôn, alamôsna* M (doch C *elimôsina*) und *lâcno* gl. Prud. 368. — Zu b) finden sich die unflectierten formen *bôcan, têcan, uuâpan-, uuolcan*, die flectierten *bôcnes, fêcnes, têcnes, uuâpne, uuolcnes* nebst *segisna, anbusni, fêcni, lêhni, fersna, frôcni, lôgna, lôgnian, giuuâpni[2]*), *sôcnunga* gl. Prud. 382. 665, *sôcneri* 555. 747, *griusniun* 763.

e) mit *s* liegen wol nur vor *ecso* 2404, *minsôn* und *blîdzea, blîdzean*, regelmässig gekürzt.

---

[1]) Das rein ags. *drihtnes* C 264 bleibt natürlich hier ausser betracht.

[2]) Dass hier niemals eine trennung des vorausgehenden consonanten von dem *n* bestand, lehren namentlich die erweichungen von *c* zu *g*: *bôgno, -e* M 373. 545, *têgno* C 2076 (vgl. 405), *fêgnes* C 5652, vgl. Schm. II, 185 a.

f) mit *th*: die abstracta auf *-itha* und verwantes, häufig
gekürzt: *diurtha* 490. 2140. 4439. 4765. M 4514, *hôndun* 722,
mârthu 950. 5674, *gimênthon* 862, *sâltha* 872. 1327; dagegen
im Heliand *diuritha* 4338. 4414. 4647. C 4514, *mâritha* 4 C.
2165, *spâhitha* 3454 C (M fehlt); dazu kommen *gihôrithano,
uuihethon* Conf., *mettethi* Frck., *aruithi* gl. Arg., *ungiôgitha* gl.
Prud. 3, *bigengitha* 92, 360, *fûlitha* 313, *selfsuhtitha* 412, *gibâ-
ritha* 441, *hônitha* 507, *cûskitha* 599.

g) mit *d*: ausser dem unflectierten *eorid-* 4141 an substantiven nur *hôðid*, welches stets in der flexion syncopiert, Schm.
58. Von langsilbigen verbis auf *-ja* syncopieren in der regel
die auf einfachen consonanten im praeteritum, s. Heyne, kl.
alts. gr. 54 f. und Begemann, schwach. praet. s. 120 ff., deren
verzeichnissen noch aus gl. Prud. *giscerpta* 463, *thômda* 465,
nôdda 678 hinzuzufügen sind; ausnahmen *diuridun* C 83. 3584.
3722: *diurdun* CM 2966, M 3584. 3722; *dôpida* C 954. 3046,
mâridin C 5883, *nâhida* 3671. C 5394, *nâthidun* 2910, *uuîhida*
4633, M 5974 (fehlt C), 2854 (*uuîhda* C), *gihêlida* Exorc. Von
verbis auf zwei oder mehr consonanten syncopieren meist nur
die, deren schlussconsonant ein dental ist (s. Heyne a. a. o.
55 und dazu *liuhta*, *menndun* C 4109 (wenn dies nicht für
mendiodun, wie M liest, verschrieben ist), *rihta*, *trôsta* und die
auf geminata, vgl. *gifulda*, *merda* Conf.; ausnahmsweise *beldida*
4791, *lèstidun* C 2857, *thurstidi* C 5642 (fehlt M). Die übrigen,
namentlich alle, deren schlussconsonant ein sonorlaut ist (*l, n*),
bewahren das *i*, s. Heyne und Begemann a. a. o. — Die langsilbigen participia praeteriti bewahren ihr *i* im Heliand stets,
vgl. *gidiuride* 3319, *bineglida* C 5693, *ginemnida* 1318, *giôgida*
C 5673, *giuuendidan* C 5811, *mengidamo* gl. Arg. 116; aber die
Merseburger glossen gewähren *iwêgde, idômde*, der Werdener
psalmencommentar *gifulda* (Heyne a. a. o.); häufiger sind diese
formen in den gl. Prud.: *gemêddan* 377, *ûtlôsdaru* 384, *gescerp-
tun* 482, *alôsdan* 511, *ferkôpton* 570 neben *gihâuideru* 167,
gilubbiðemo 186, *ûtgeinnâthridimo* 399, *antervidio* 573, *gimusidun*
780 (kurzsilbig?).

h) mit *t* finde ich nur *raskitôda* gl. Prud. 467.

i) mit *g* fallen hierher die adjectiva auf *-ag*, die zwar ihr *a*
zum teil zu *i* schwächen (s. Schmeller unter *craftag*, *ênag*,

môdag, sîthuuôrag), aber ausfall nur sehr selten eintreten lassen:
hêlgost C 5739, *hêlgoda* C 4634 (*hêlagode* M); vgl. dazu *un-
giuuitgon* C, *ungeuuitigon* M 1818.

k) mit *k* viele eigennamen auf *-ako*, *- iko*, *-ikin* wie *Abbiko,
Aldako, Aldiko, Alvikin* etc. (s. Heyne, altniederd. Eigenn. passim),
mit bewahrung des vocals.

2. Alte natur- und positionslänge schützen im
ganzen vor dem ausfall. So sind stets unversehrt (natürlich abgesehen von kürzungen und qualitativen veränderungen
des vocals) die gen. pl. auf *-ono* (*-ano*, *-uno*, *-eno*); die mehrsilbigen formen der adjectiva auf *-in*, *-îg*; die praeterita auf
-ôda, bildungen wie *coppôd, beuuôd, arbêdi, mânutha* gl. Prud.
355, die superlative auf *-ôst*; ferner die ableitungen auf *-and-,
-und-* (wie *âband, ârundi*) einschliesslich der part. praes.; die
mit *-ung, -ing, -unnia, -innia* (letztere wegen des tieftons, s.
Beitr. IV, 529), sowie die auf *-sli* und *-slo* (*burgisli* [gl. Lips.],
dôpisli, herdisli, mendislo, wêgislo, errislo gl. Prud. 1. 453, *gurdisla* 388, *kinislon* 499, *râdislon* 152); die adjectiva auf *-isc*
und verwantes (wie *hiuuiski, gumiski*, gl. Prud. 684. 799, *aô-
disca*), die superlative auf *-ist*(*o*), *ambaht* u. ä. Auffallend
weichen die comparative ab. Trotz des ursprünglichen *-ôro*
findet sich in C (wie im ags. regelmässig) *iungro* (so stets),
lêthro 323, *leoðrun* 1683, *iâmorlîcra* 735, *craftigron* 610,
sâligron 611 neben vollen formen auf *-oro*, *-aro*, *-ero*; M kennt
diese kürzung nicht; auch von den comparativen auf *-iro* wendet
es die gekürzten formen in grösserem umfang nur bei den substantivierten wörtern *aldron, furthron, herro* und dem ebenfalls
nicht mehr comparativisch gefühlten *suithro* (185. 5976) an;
ausserdem steht nur einmal *lengron* M 170, während C noch
lengro 170. 1106. 2246, *stilrun* 2255 (fehlt M) hat, neben altem
-iro, *-ero*. — Ausstossung von positionslänge finde ich nur in
ôfsllîco 5935: *ôbastlîco* 5896, beide nur in C überliefert; Heynes
lesung *mennscemo* für *menniscemo* im Werdener psalmencommentar wird durch Scherer zu Denkm. LXXI, 42 ausdrücklich
als unrichtig verworfen.

B. Nach kurzer stammsilbe.

1. Alle mittelvocale bleiben erhalten:

a) vor *l*: *aðales, eðili, gigamalôd; himiles, mikile, slutilas, uðiles* Schm., *sekila, skipilîna* gl. Prud. 581. 542; *hatulo* Hel. 3596, *steculi* gl. Prud. 281. b) vor *r*: *abaro, bikera, ederôs, feterôs, hamuron, hauoro, huethares, radure, sicora, -ôn, kamara* gl. Prud. 504. c) vor *m*: kein beispiel ausser *degmo* aus *decimus*, das vielleicht ohne mittelvocal entlehnt wurde, wie *tafla* etc. (s. s. 88). d) vor *n*: *faganôn, hebanes, lacanes, opana, -ôn, regano-*; ferner die kurzsilbigen participia praet. der starken verba; mit altem *i*: *firina, lugina, euena* (Frek.), *rethinôn*; vgl. *niguni*. e) vor *s*: *egiso, felisôs, idisi*. f) vor *th*: *scauathon* gl. Prud. 620; *gibithi(g), fremithi, banethi, helithôs, iuguthi*, vgl. *tegotho, nigutho* und *magath* (von dem nur diese form belegt ist). g) vor *d*: die schwachen praeterita und part. praet. s. bei Begemann a. a. o. 120 f., sodann (*ecid*), *nimidas, metodes, racude, uuerodes*. h) vor *t*: *munita* gl. Prud. 558. 579, *muniteriôs, gimunitôd* Hel., vgl. *erito* pisorum Ess. Frek. (Heyne s. 109). i) vor *g*: *honegas, manages, lubigo, uulitige*. k) vor *k*: (*kelik*), *kerika, milukas* gl. Prud. 342 und eigennamen auf -*ako, -ikîn, -uko* etc. wie *Alaka, Adiko, Abuko* u. s. f.

Als ausnahmen von dieser regel erscheinen eine reihe kurzsilbiger verba ohne mittelvocal im praeteritum und participium praeteriti: *hogda, lagda (legda), sagda; latta (letta), satta (setta); quedda; habda, libda, uuahta* (neben *uuekida*); *salda, talda* (Begemann, schw. praet. 120, oben s. 78 und unten unter IV). Sonst treffen wir nur vereinzelte überschreitungen der regel; so in *lefna* acc. sg. m. Hel. 2096. 2308, *bezt(o)* und *lezt(o), lazt(o)* (freilich den einzigen beispielen eines acc. sg. m. oder superlativs kurzsilbiger adjectiva); ferner stets *tegegnes, gegnungo* (wie ags., s. oben 77, aber abweichend von diesem *megine* 5043; unflectiert *megin* wie *angegin*) und schwankend *selða* neben *selitka*, Schm. II, 95. 96.

2. Irrationaler vocal erscheint stets in den unflectierten formen, in den flectierten nur vereinzelt, namentlich vor *r*; vgl. *mahal, nebal, gagal* gl. Prud. 745, *segel, fagar, legar, uuedar, eban, gaman, sucban, thegan* mit *bodlôs*,

fugles, hruslôs (s. auch gl. Prud. 314), *kaflon, mahle, -ian, naglôs, sedle, gisidli, stadlo, tanstuthlio* gl. Prud. 373, *uuehsitafhin* (gl. Prud. 825, s. oben s. 87), *thrufla* gl. Prud. 273, *suigli, simla; dodro; bodme, fadmia* (?), *fathmos, wagnôs* gl. Prud. 280; *drucno, -ian, efno, -nissi, hofno, suefne, trahni, segnôda, thegnes, nemnian, atsamne, samnôn, stanne, stemna, simnon, tolna;* an einschiebungen habe ich gefunden *suebanôs* M 688 (*suefnos* C, und *suuefne* MC 701); *nebulo* M 2910 (*nefhu* C 2910 und 5749), *negilid* C 5704 (*neglid* 1186 und C 5552, *bineglida* C 5693); *agalêto* M, *aglêto* C 3008; vor *r* regelmässig in *fagares, legares, uuedares, ungiuuidereon, uuatares* (alter vocal?), *uuetharo, fetherun,* hierher auch wol *stamarôd* gl. Prud. 232, *litharîn* 703, *lutharun* (?) 356, vgl. auch *gifagiritha* 202. Zweifelhaft ist mir das verhältnis von *gidrusinôt* C zu *gitrusnôd* M Hel. 154.

II. Zwei mittelvocale.

Es scheint dass hier dasselbe gesetz von der tilgung des zweiten vocales gilt wie im ags. und altn. (s. 68. 81), natürlich mit der einschränkung, die durch die grössere festigkeit der vocale des alts. geboten wird. Alle endungen, die unmittelbar nach langer stammsilbe festen vocal haben, bewahren ihn auch in dritter silbe; so die genetive pl. auf *-ono* wie *iungorono, hêligono, gihôrithano*[1]); die *r*-casus der adjectiva, *craftigaro, ênigaro (fagarero), hêlagaro, mahtigoro, managaro, môdigaro* und der gen. pl. der substantivierten participien wie *neriendero* etc. (Heyne 87 f.), nomina agentis auf *-eri,* wie *muniteriôs,* die dative sg. m. n. der adjectiva, *ênigumu, managumu, ôdagumu, thurftigumu.* Aber deutlich wirkt das gesetz in den accusativen sg. m. der adjectiva. Oben s. 84 wurde gezeigt, dass alle einsilbigen adjectiva mit wenigen ausnahmen hier die endung *-an* hatten; ganz anders gestaltet sich das verhältnis der formen bei den zweisilbigen. Zunächst zwar überrascht die auffallend grosse anzahl von formen mit bewahrung der vollständigen endung: *craftigana* M 2804, *hêlagana* M 1129, *mikilana* M 2317, *unsundigana* CM 2722, zu denen auch die

---

[1]) Formen wie *aldrono, herrono, hêlgode* beweisen nach dem s. 86 gesagten nichts gegen die geltung unseres gesetzes, obwol hier der erste mittelvocal ausgefallen ist.

componierten adjectiva zu rechnen sind: *langsamana* M 2700,
C 4527, *niudsamana* C 224, *antlangana* MC 4225, *môdspâhana*
M 1192, aber bei weitem am häufigsten ist *-na* als endung,
vgl. *craftagna* (*craftagne* M, *crafti(g)na* C) CM 2674. 3130.
3607. 3618. 4223. 4831. 5508; C 2986; M 5252; *hêlagna* ca.
24 mal in beiden hss., Schm. II, 53ᵃ, *lultilna* 381, *mahtigna* ca.
20 mal in beiden hss., Schm. II, 75ᵃ, *môdagna* 550. 686, *sâligna*
587, *sculdigna* 3086. 4592; dazu *langsamna* M 4527, C 2700;
niudsamna M 224, *môdspâhna* C 1192. Die form auf *-an* tritt
dagegen zurück: wir finden regelmässig *ênigan* (zu *ênag*) 9 mal,
huetheran 1 mal, *huilican* 6 mal, *managan* 6 mal, *sicoran* 2 mal,
sodann vereinzelt *craftagan* M 2986*, *ênigan* C 1003 (fehlt M),
hêlagan C 1129 (*-ana* M; die übrigen formen, die Schm. II, 53
aufführt, gehören der schwachen declination an), *liggeandean*
2331, *mahtigan* C 5919*, *mikilan* C 2317, *ôdagan* 3337*, *sâli-
gan* C, *sâliglican* M 468, *ubilan* 5185, von denen die besternten
möglicherweise schwache formen sein können, da der artikel
vorausgeht. So bleibt noch der accusativ von *ôðar*, der in
jeder beziehung singulär ist; es findet sich nämlich *ôdrana*
(*ôthrana*) M, *oðerna* (*ôdarna*) C 223. 1434. 1438. 2471, *ôðarna*
M, *ôðerna* C 1446, dann aber in beiden hss. *ôðran* etc. 683.
695. 718. 724. 1263. 1468. 2698. 4819. 5374, und C 3228.
Nach analogie des ags. und des oben gesagten wäre überall
ôðarna, *ôðerna* zu erwarten gewesen (vgl. ags. *ôðerne*), wenn
eben der vocal der zweiten silbe des wortes wirklich ursprünglich ist, wogegen sich namentlich auch von seiten des ahd. gewich-
tige bedenken erheben (s. s. 93 f.). — Unbegreiflich ist mir,
warum *ênig* u. s. w. ausschliesslich sich der *-an*-form bedienen.

Alles zusammengefasst ergibt sich also auch für das altsächsische eine **stärkere neigung zur syncope nach
langer, als nach kurzer wurzelsilbe**; damit übereinstimmend gestattet nur kurze wurzelsilbe gelegentliche einschiebung
eines irrationalen vocals vor vocalischer endung.

IV. Althochdeutsch.

Eine vollständige untersuchung der einschlägigen ahd.
verhältnisse würde mehr raum und zeit beanspruchen als sie
mir jetzt zu gebote stehen. Es wird aber auch für unsere

zwecke genügen, wenn wir nur insoweit eine charakteristik einzelner hervorragender denkmäler geben, als sie zur erkenntnis der dort waltenden gesetze erforderlich ist.

Was bei der betrachtung der ahd. denkmäler auch in beziehung auf unsere frage besonders in die augen fällt, ist die ausserordentliche divergenz der einzelnen stücke je nach dem ort und, was besonders hier gilt, nach der zeit. Es ist deshalb besser, den bisher eingeschlagenen weg der betrachtung einzelner lautgruppen zu verlassen, zumal ja auch durch das vorangegangene bereits ein hinlänglicher überblick in dieser richtung gegeben ist.

Will man zu einem einigermassen klaren überblick über den überall entgegenstehenden wirrwarr gelangen, so hat man von einem reconstruierbaren, idealen, ältesten ahd. auszugehen. Für dieses gilt als erste regel, dass ausser dem *i* im praeteritum und participium praeteriti schwacher verba kein ursprünglicher mittelvocal syncopiert war. In dieser beziehung stimmen alle älteren denkmäler noch überein. Bekannt ist die sache für alle ursprünglichen längen und die *i* und *u*; für *e* kommen die adjectivcasus auf -*era*, -*ero*, -*eru*, -*emu* in betracht, ebenfalls ohne ausnahme. Etwas schwieriger liegt die sache bei *a*, weil sich dieses vielfach auch als secundärvocal aus silbenbildendem sonorlaut entwickelt. Dieses secundär-*a* erscheint wie im alts. regelmässig da, wo nach dem vocalischen auslautsgesetz [1]) ursprünglich consonantischer sonorlaut nach einem andern consonanten in den auslaut tritt, es sei denn, dass beide zusammen im silbenauslaut stehen können (lautphys. s. 111 f.), also *zeichan*, *bittar*, *tougal*, aber wechselnd *aram*, *halam* und *arm*, *halm* etc.

Es dringt aber, und dadurch unterscheidet sich das ahd. wesentlich vom altsächsischen, dies secundär-*a* auch in das innere des wortes ein und zwar nach kurzer stammsilbe bereits im allgemeinen regelmässig in jenem ältesten ahd., soweit ich sehe mit nur éiner consequenten ausnahme, der lautgruppe *mn* in *nemnan* und *stimna* und verwanten, die bereits frühzeitig oft zu *nemman* und *stimma* assimiliert werden; aber nicht in den ableitungen von *sam(a)n*, wie *zi samane*,

samanôn etc. Ich führe dies gleich von vornherein an, weil
diese tatsache wol geeignet ist, uns dies auftreten jenes *a* im
inlaut überhaupt verständlich zu machen. Allerdings muss bei
dieser erscheinung auch ein lautgesetzliches moment mitgewirkt
haben, da die quantität der stammsilben dabei stets als be-
dingender factor erscheint, aber zum andern teil haben wir
es auch offenbar mit analogiebildungen zu tun, mit einer ver-
schleppung der secundär-*a* der schlusssilben in das innere des
wortes, sobald dasselbe einen zuwachs am ende bekommt. Bis
zu einem gewissen grade ist also der eintritt des irrationalen
mittelvocals an die existenz naheliegender typen mit eben-
solchen schlussvocalen gebunden; daher heisst es wol *samanôn*
nach *saman*, aber zu *nemnan, stimna* fehlt die parallele.[1]

Eine weitere folge dieses gleichmachungstriebes ist das
allmählige eindringen solcher irrationaler *a* nach
langer stammsilbe, das lautgesetzlich nicht wol erklärt werden kann. Hierin gehen aber die einzelnen denkmäler vielfach auseinander, und es ist demnach eine etwas genauere
darlegung der sachlichen verhältnisse notwendig.

Es gibt vielleicht kein einziges ahd. denkmal von einigem
umfange, welches ganz auf dem standpunkte des erwähnten
idealahd. stünde; aber bei einigen sind doch die abweichungen
noch verschwindend gering.

Am nächsten kommt dem urzustand noch Isidor. Das gesetz, dass auch nach langer silbe alter vocal nicht syncopiert
werde, ist in voller giltigkeit. Man vgl. z. b. (abgesehen von
den nicht auf sonorlaut ausgehenden endungen, wie *ag* und
den nomin. agentis auf -*ari, -eri*, die wir zunächst ausser acht
lassen können) die flectierten formen der participien *chiscaffanes,
chiborgonun, uuordanan, aruuorpanan, bigunnenun, chiheizssenin,
-un, chihuoruane* nebst *offono* (3), *chioffonôt, chioffanôdôm,
heidheno;* sodann *bifangolôde, aridalida*[2] (2); *uuazsserum* (2),
ferner an fremdwörtern *chimartorôdan, chimartirôt, martyrunga,*

[1] Dass *saman* nicht etwa alten vocal hat. beweisen alts. *tôsamne, samnôn*, ags. *tôsomne, somnian.*

[2] Die ursprünglichkeit des vocals vor *l* erweist die durchgängige conservierung desselben im ahd. und die alts. nebenform *idil.*

offerunc; dagegen mangelt ein vocal regelmässig in *ęrcna, ęrchno,* (*chi*)*zeihnit, zeihne, zeihnum, iisnine, bauhnit, bauhnida, bauhnunc* etc. (14), *aloosnin;* *ádhmôt* (2); *unzuuîflo, simbles* (2), *lumblo; hlúttror, sundric, aftristo, fingro, -um* (4), *sculdrôm* (4), *ghelstro, lastrônt, zimbrendi, zimbrit, fordhro* (s. unten), *nâdra, -ûn.* Nach kurzer wurzelsilbe treffen wir secundären vocal in *regonoda* 9, 14. 15, *fatere* 35, 20, *fatcrun* 35, 16. 22; aber er fehlt noch in *chisamnôda* 11, 19, *samnunghe* 25, 20 (trotz öfterem *samant*) und *hôhsetli, -e* 17, 30. 33, 22. 24. 35, 12.[1])

Demnächst wäre die Benedictinerregel aufzuführen. Ueber sie geben die zusammenstellungen von Seiler, Beitr. I, 432 f. ein ganz falsches bild; ich bin also auch hier genötigt, das material mehr in extenso vorzuführen.

Es wird zunächst niemals der vocal der zahlreichen part. praet. auf *-an* nebst *eigan, offan* und deren ableitungen, und den adverbien auf *-ana* syncopiert; diese stehen, wie überhaupt hier ein für allemal bemerkt werden mag, im ahd. fest. Regelrecht ist auch der vocal in *morkane* 99 und in *keleisinit* 52, *leisanonti* 53, *keleisanit* 77. Es bleibt ferner das *a* der adj. auf *-al* = altn. *-all, -ull : ezzalan* 43, *-eer* 80, *suuigali* etc. 48 (2). 55. 68. 93, *âkezzalii* 50, *zunkalêr* 56, *slâfalero* 72, *ubar-âzalii* 89 (3), *truabalêr* 80. 121 nebst *italiv* 44 und *stiagalum* 116; vor *r* in *untiri* 53, *ûzorôsto* 55, *innarôrun* 55 (darüber weiter unten), aber fremdwörter syncopieren hier; es heisst nicht nur stets *meistres* etc. (7) nach analogie von *magistri* u. s. f., sondern auch *munistre(s), monastre(s), munistrilih* etwa 13 mal, *katemprôt* 58, *ketemprôe* 91, *ketemprôt* 92. 102, letztere gewis im anschluss an vulgäre aussprache des lateinischen. Regelmässig ohne vocaleinschub nach langer silbe erscheinen *kipauhnit* 110; (*n*)*eonaldre* 14 mal, *aldre* 89, *altres* 119, *altrum* 87, *luustrentêm* 31, *finstrii* 31, *pruadrâ, -o, -um* 32 (2). 40. 58. 81, *kezimbrôta* 33, *zimbrôe* 92, *kizimbrit* 98, *kezimbri* 122, *chortres* 40 (2), *hlahtre* 44, *uuntrum* 49, *hleitra* 50, *achre* 56, *-o, -um* 91, *fordrôron* 61, *suntrîgêm* 63, *kisuntrôt* 68, *suntrîgo* 94. 105, *suntrîclîhchiu* 102. 108 (2), *oostrôm* 65, *-un* 91, *lúttras* 71, *lútri*

---

[1]) Hiernach ist die formulierung des betreffenden abschnittes bei Weinhold, Isidor s. 61 etwas zu modificieren. — Ueber einige der hier nicht aufgeführten formen mit *r* s. unten.

102, *hlûtremv* 119, *unsûbro* 82, *caugrot* etc. 94. 100. 101. 105.
125, *vvintre* 107; mit *l simblum*, ausserordentlich häufig. Nach
kurzer silbe consequenter einschub resp. keine syncope in
fremdwörtern: *fateres* 30. 38. 47. 102, *fatere* 53, *fatare* (l. *fatera*)
70, *duuidaro* (?) 30. 42. 47. 62. 93 (2). 99. 102, *samanunga* etc.
31. 31. 35. 41. 45. 46. 63. 80 (2). 81. 84. 97, *samanônne* 99,
ouanes 35, *ebanôstin* 42, *cbano* 62. 69. 71. 102, *ebanemu* 81. 120,
zaharin 44, *sedalū* 59, *sumares* 62. 90. 91, *sumere, vuidarôt(a)*
95. 116, *rosomon* 121, *scamelū* 61, *chamara* 105, *cucalûn* 107.
Diesen 46 beispielen steht keine einzige ausnahme gegenüber,
wol aber beginnt die erste regel, bezüglich der langsilbigen,
bereits durchbrochen zu werden. Für sie sind oben etwa 80
belege beigebracht, wozu nach oberflächlicher schätzung vielleicht noch 20—30 *simblum* kommen; dem gegenüber habe
ich ca. 20 ausnahmen notiert: *pruadtre* 41 (2), *lahtere* 56 (2),
sinbulū 56, *nuintares* 62, *zuuiualunga* 70, *ahsalôm* 77, *chortare*
77, *nuehsalum* 82. 88, *vuehsale* 95, *zaichanungu* 84, *zeichanes* 88,
zaichane 100, *nuacharum* 99, *smecharem* 101, *altere* 113; aber
pruadar 109 für *fratribus* des lat. textes darf man nicht ohne
weiteres hierherziehen; auch *âtume* 110 ist unsicherer, da wir
hier es nicht mit dem gewöhnlichen *a* zu tun haben.

— Bei diesen zählungen sind absichtlich zwei resp. drei fälle
übergangen worden, welche die regel scheinbar in grösserem
massstabe durchbrechen. Zunächst die formen *zimbirrôno* 48,
zimberre 88, *zimberrên* 88, denen sich von kurzsilbigen noch
kaganne 106, *kagannant* 119, *nidarremees* 48 u. dgl. zur seite
stelle. In den drei ersten formen fällt der secundäre mittelvocal auf (vgl. got. *timrjan* und ahd. *zimbrôn*, das ja auch in
der Benedictinerregel vorkommt). Aber sie erklären sich sehr
einfach lautlich. Nach dem was lautphys. s. 111 f. über die zu
eingang einer silbe möglichen consonantgruppen erörtert worden ist, begreift es sich leicht, dass *r* + halbvocal *j* in dieser
stellung mit einander in conflict gerieten und dass schliesslich
das *r* vor dem folgenden consonanten sonantische geltung be-
kam, d. h. sich im ahd. in die hierfür übliche lautgruppe *ar*
umsetzte. Unsere formen sind also zunächst mit solchen wie
zimbarta, zeichanta u. dgl. zusammenzustellen.

Die andere wichtigere ausnahme betrifft eine reihe von
worten, denen man insbesondere, gestützt auf die ostgerm.

formen, ursprüngliches -ar als endung zuzuschreiben pflegt, d. h.
die pronomina *unsar, iuwar, huedar* und *andar*. Die beiden
ersten geben in den bisher besprochenen beiden denkmälern
keinerlei anstoss, indem sie der allgemeinen regel folgend den
vocal der schlusssilbe auch als mittelvocal behalten; von *iuwer*
kommen überhaupt keine gekürzten formen im ahd. vor, was
wegen der lautgestalt des wortes ohne weiteres begreiflich ist,
und *unser* verkürzt sich in älterer zeit nur in einigen streng
bairischen denkmälern, so namentlich im Freisinger paternoster,
welches die formen *unsraz* 18, *unsro* 19. 26, *unsrêm* 25 aufweist, ferner nach Graff bei Otloh, den Monseer glossen und
Münchener glossen zu Gregors homilien (Gh. 4). Nur Hymn.
25, 8, 3 und dann erst bei Notker taucht auch alem. *unsriu*
vereinzelt auf. Man wird deswegen wol kein bedenken tragen
dürfen, hier wirklich primären vocal anzusetzen. Anders liegt
die sache bei *ander*; dieses entbehrt des vocales regelmässig
auch in den denkmälern, welche secundären vocal nach langer
silbe nicht haben, aber primäre mittelvocale unangetastet lassen:
so bei Isidor und in der Benedictinerregel; der erstere hat
andres, andremu, andreru, andra, andrêm zusammen 11 mal
(Weinhold s. 100 b), die letztere *andrêr* 38. 63, *andriu* 38, *an-
draz* 34. 92. 95. 100, *andres* 34. 49. 96, *andrera* 39. 119, *andremu* 59. 89. 95, *andreru* 48. 53. 121, *andran* 43. 54. 119,
andra 95. 101, *andre* 38. 60. 61 (2). 62. 63. 68. 100. 116. 118,
andro 69, *andrero* 98, *andreem* 37. 38. 63. 64. 67 (2). 91. 92,
zusammen 43 mal; nur 5 mal habe ich formen mit mittelvocal
gefunden, nämlich *anderes* 63, *andares* 63, *andera* 79, *andaran*
99, *andere* 122. Es ist das ein beträchtlich kleinerer procent-
satz von ausnahmen, als man eigentlich erwarten sollte. Auch
in den kleineren denkmälern, die auf demselben altertümlichen
standpunkt stehen wie Is. und Ben., findet sich dasselbe verhältnis wider. Die Exhort. hat *unsares* 23, aber *andran* 13. 14,
der Weissenb. kat. *unseraz* 2. 16, *unsero* 3, *unserêm* 4. 20, *un-
seran* 44, *unsera* 95, aber *andhremo* 23; die Fragm. theot. *unsere* 27, 8, *unseres* 30, 22, *unseremo* 33, 5, *unsarero* 36, 27
(ohne die nicht vollständig überlieferten formen), aber *andres,
andremo, andra, andre, andro, andriu* 13 mal (Massmann
s. 26 a) u. d. f. Hält man dies mit dem zusammen, was oben
s. 89 über die schwierigkeiten bemerkt wurde, gewisse for-

men von alts. *ôðar* aus einer grundform mit primärem vocal
abzuleiten, so darf man wol ohne allzu grosse kühnheit den
satz aussprechen, dass für beide sprachen, alts. und ahd.,
der vocal dieses wortes nicht als ursprünglich anzusetzen sei. Es
bleibt dann von unserer wortgruppe noch *huedar* übrig, das
freilich so wenig im ahd. wie im alts. anstoss gibt oder zu bestimmten schlüssen berechtigt. Hier dürfen wir aber mit dem
ags. combinieren, und nun wol mit grösserer zuversicht als
dies oben s. 76 geschehen konnte, auch diesem worte ursprünglichen endungsvocal für das westgermanische absprechen.
Dann stehen got. *hvaþar, anþar* und altn. *annarr* als repräsentanten einer neu zu registrierenden differenz zwischen ost- und
westgermanisch da. Wie diese entstanden sei, darüber wage
ich einstweilen nicht zu entscheiden.

Eine ähnliche schwierigkeit bieten die comparativ- und
superlativbildungen von ortsadverbien; wir haben bei Isidor
aftristo 17, 1, *fordhrôm* 35, 4, in den Fragm. theot. *aftrun* 5,
17. 11, 5. 12, 13, *aftrôstin* 11, 2, *fordrôno* 16, 9, aber in Pa.
aftarôstin 194, *untarôstin* 194, *hintarôsto* 218, *ûzzarôsto* 218,
innarôm 251; in der Benedictinerregel *ûzorôsto* 55, *innarôrun*
55, aber *fordrôron* 61 u. s. f. Der consequente mangel des vocals
in den beispielen aus Isid. und Fragm. scheint ebenso sicher gegen,
wie sein auftreten in den übrigen denkmälern für seine ursprünglichkeit zu sprechen. Aber es ist ein deutlicher unterschied zwischen jenen worten, und dieser erklärt alles; *aftro,
fordhro* sind alte comparative mit suffix *-tara*, europ. *-tera*,
welche wie das besprochene *ander* aus *an-tara* den suffixvocal
bereits in ältester zeit, vor dem eintritt der geltung unserer
gesetze, syncopierten. Die übrigen aber sind moderne bildungen, anlehnungen an die adverbien *undar, hindar, ûtar,
innar*, und so haben sie natürlich den vocal dieser vorbilder
als festen mittelvocal erhalten.

Doch ich kehre nach dieser notwendigen abschweifung
wider zu den ahd. denkmälern zurück und notiere nur noch,
dass durch hinzuziehung der beispiele von *ander* die verhältnis-
zahlen für nichteinschiebung resp. einschiebung secundären
mittelvocals für die Benedictinerregel sich zu etwa 150 : 25
umgestalten.

Dem stande des Isidor schliessen sich die Fragmenta
theotisca noch genau an; auch sie zeigen namentlich noch
inlautendes *mn* in *kasamnôtun* 13, 23, *samnôt* 17, 1, *kasamnôt*
17, 10, *kasamnôte* 19, 19, *kasamn(ô)to* Isid. Weinh.
51, 5 und
dl in *hôhsedle* 15, 14, ja sie gehen über ihn noch hinaus durch
gafaclita[1]) 3, 10, *ganidrit* 5, 8. 21, 18, *besmon* 5, 14, *tehmôt* 15,
16. Beispiele des einschubes nach kurzer silbe sind *fateres*
8, 8. 23, 13, *sumere* 17, 14, eventuell *huuedaran* 22, 29. Als
analogon der zahlreichen langsilbigen beispiele notiere ich nur
noch *silabres* 21, 29.

Der Vocabularius S. Galli gehört zu den in dieser
beziehung altertümlichsten denkmälern, freilich ist sein umfang
so gering, dass das zurücktreten von ausnahmen nicht eben
viel beweist. Wir finden *drisgufli* 31, *ganastra* 46, (*uuint*)*scûfla*
74. 75, *âdra* 192, *ahsla* 197, *dinstri* 233, *mundri* 399, aber
camara 26, *pesamo* 73, *epani* 82, *lebara* 207, *reganôt* 222,
houarehti 345.

Auch die Pariser glossen Pa. sind noch recht altertüm-
lich; fehlen des secundärvocals nach kurzer silbe habe ich
nicht gefunden; nach langer silbe traf ich ihn in *antharônti*,
antharari, *antharôm*, *antharôta*, *anthara*, *antharunga* Diut. I, 144
(*antrôn* gl. K. etc.), *andereru* 168, *hlûtarôstun* 175, *pittarî* 200,
urlastere 218, *suepfarî* 243, *duncali* 177, (*ca*)*uuantalôt* 190. 229,
faruuihsalit 190, *zuîfalôndi* 178, *zuîfali* 194, *zuîfalôt* 226, *zuîfa-
lit* 230, *zuîfalòn* 238, *zuîfalâri* 239; *faihanic* 203, *uuolchanum*
217, *einzeihanêr* 242, also 23 mal, während ich sein fehlen in
ca. 70 fällen constatierte.

Von hier ab nimmt das eindringen der secundärvocale in
langsilbige wörter rasch zu; die Reichenauer glossen Ra.
haben etwa 18 sichere beispiele gegen einige 50 belege für die
älteren kürzeren formen. In den buchstaben A—I der kero-
nischen glossen stellt sich das verhältnis bereits wie ca.
40 : 50 (die jüngeren formen beginnen erst bei Hatt. 151ª mit
zaihinit, bis dahin stehen 26 formen ohne secundärvocal, fast
die hälfte der überhaupt in jenem stücke belegten). Auch das
gesetz der kurzsilbigen wird öfter verletzt: *fornôntig* 142ª,

_____

[1]) oder ist dies auszuschliessen wie *achar*, wegen der westgerm.
verschärfung vor *l*?

eocauuedramu 149ᵃ, *flogrôndi* 150ᵃ, *kicresmôt* 159ᵇ, *crismôta*
159ᵇ, *flokrôndi* 160ᵇ etc. Die Murbacher hymnen haben
kambaro, *heitarêr* etc., *heitarit*, *laugenente*, *reisanum*, *simbulū*,
sleffara, -*î*, *suntarônti*, *tauganiu*, *tunchafi*, *uuâfanum*, *uuahsamo*,
uuacharêr, *uuatarit*, zusammen 26 mal gegen 24 formen der
kürzeren art. In den sonst sehr altertümlichen Reichenauer
glossen Rb. sind die älteren formen bereits eine seltenheit geworden: *senaadra* 492ᵇ. 522ᵇ. 531ᵃ, *senâdrôno* 500ᵃ, *uuasmegi*
500ᵃ, *uuasmigiu* 501ᵃ, *uuahsmiki* 530ᵇ, *unsûbridu* 493ᵃ, *kazimbri*
499ᵃ, *lûttristun* 508ᵃ, *altre* 518ᵃ, *rûtrûn* 530ᵃ gegenüber ca. 45
formen mit secundärvocal, wobei zweifelhafte fälle nicht einmal mitgezählt sind. Aehnlich ist das verhältnis auch in den
fränkischen denkmälern des 9. jahrhunderts; im Tatian
stehen nur die beiden schreiber γόδ' noch häufiger auf dem
älteren standpunkt, s. meine ausgabe s. 35; für Otfrid fehlen
mir eigene sammlungen; ich finde bei Kelle angemerkt nur
bruadron, *mêtres*, *andremo*, *uuinistre*, *uuinistrun*, *finstremo* Kelle
II, 436, *gizimbri* ib. 441, *zimbrôt*, *fordrôno* ib. 452, zusammen
13 stellen, in denen nicht einmal die hss. übereinstimmen. Nur
n hat sich besser erhalten, indem die ableitungen von *dougan*
sowie *lougnen* und *bouhnen* ohne mittelvocal erscheinen, wenige
ausnahmen abgerechnet, s. Kelle II, 435. 449. Was endlich
Notker anlangt, so steht dieser, was nach seiner zeitlichen
stellung auch kaum anders erwartet werden kann, den übrigen
in beziehung auf consequenz der einschaltung der mittelvocale
voraus. Ohne ausnahmen ist er natürlich auch nicht, aber sie
sind sehr spärlich; in den zwei ersten büchern des Boethius,
die bei Hattemer etwa 80 seiten umfassen, fand ich nur zwei
regelmässige ausnahmen, *uinstri* 19ᵇ. 20ᵃ. 22ᵃ. 37ᵇ. 44ᵃ (aber
finsterêr 22ᵇ, *uinstere* 51ᵇ) und *meistra* (fem.) 22ᵇ. 30ᵇ. 63ᵃ,
ausserdem einmal *kalstre* 34ᵃ. Man darf also wol sagen, dass
man als grundlage für die entwickelung der mhd. formen (ich
spreche zunächst nur von den oberdeutschen, die man gemeinhin als mhd. zu bezeichnen pflegt) einen sprachzustand anzusehen hat, in dem der ursprüngliche auf quantitätsverschiedenheit der stammsilben beruhende unterschied der behandlung
innerer consonantengruppen völlig ausgeglichen war.

Es ist bereits oben s. 90 bemerkt worden, dass das voraus-

zusetzende älteste ahd. syncope ursprünglicher vocale
nicht kennt, ausser im schwachen verbum. Die neigung zur
syncope tritt auch im verlaufe der ahd. periode erst sehr allmählich auf. Die ältesten denkmäler haben noch fast intakten
vocalismus; nur ganz gelegentlich begegnet neben dem öfter
auftretenden *hêrro* einmal *unsriu* etc. (s. 94), oder *urstôdn* Pa.
241, Ra. 274ª, das man doch zu den adjectivis auf *-al* mit
festem *a* stellen möchte, oder *geislun* Tat. 117, 2 (vgl. s. 33 f.);
andere fälle wie *therra, therro, therru* Tat. etc. für *therera*
u. s. w. sind durch die eigentümliche lautumgebung bedingt.
Eine bestimmte regel, die sich an die für das ags. und alts.
ermittelten bestimmungen anschlösse, lässt sich für die ältere
zeit wegen zu grosser spärlichkeit des materials schwerlich
gewinnen. Erst bei Notker beginnt das material etwas reich-
licher zu werden. Aber die alte regel erscheint doch nicht in
ihrer reinheit. Es macht sich, wie hernach im nhd., bereits
der einflus gewisser consonanten, *l* und *r* geltend; nach ihnen
erfährt auch ursprünglicher mittelvocal nach kurzer stammsilbe bereits syncope. Aus dem Boethius habe ich z. b. notiert
gemálnemo 27ª, *pildotôn* 27ª, *eruárner* 30ᵇ, *uerlórnôn* 36ª, *ge-
chórnêr* 60ª (2), *kebórnes* 63ª, *uerlórnez* 73ª, *ferlórniu* 75ᵇ,
ferlórnes 93ª. Einen besonders wichtigen fall bilden die abstracta auf *-eda;* die auf ursprüngliches *-lida* und *-rida* nach
langer stammsilbe syncopieren das *e* fast stets: *sálda, sáldâ*
Boeth. 16ª. 25ᵇ (3). 48ª. 64ª. 67ᵇ (2). 68ª. 75ᵇ. 92ª, *sáldôn*
35ᵇ. 43ᵇ. 45ª. 60ª. 62ᵇ (2). 63ª.ᵇ. 64ª.ᵇ. 92ª, *sáldo* 45ª. 82ᵇ,
unsálda 45ª. 63ᵇ. 92ª, *úngebárda* 25ᵇ, *úngebârdôn* 69ᵇ, *úrtéildo*
31ᵇ, *úrtéilda* 33ᵇ. 39ᵇ, *zierdâ* 74ª, *zierdo* 75ª, aber auch
uulderechêredu 57ᵇ, *irredu* m. 75ª, *ttureda* 76ᵇ. Sonst bleiben
die *e* nach langer silbe, auch nach *m* und *n*, *benéimedo* 31ª,
geurônedo 34ª, *beméineda* 55ᵇ, *bechénnedo* 92ᵇ. Von kurzsilbigen hat sich *selida* regelmässig zu *sélda* verkürzt, z. b.
22ᵇ. 35ª. 46ª, aber es heisst noch *kíreda* 34ᵇ. 84ª, *gíredo*
73ᵇ. — Verkürzung tritt übrigens, wie man sieht, stets nur da
ein, wo durch sie articulationsverwante lautgruppen zusam-
mentreten.

Auch der fall, dass zwei unbetonte mittelvocale im
innern eines wortes zusammentreffen, gestattet erst bei Notker

einigermassen eine erörterung, da in den älteren denkmälern beide unbeanstandet bleiben. Bei Notker scheint dasselbe gesetz zu gelten, das sich auch im ags. und alts. fand, nämlich dass der zweite getilgt wird, wenn überhaupt syncope eintritt; darum heisst es stets *anderro* Boeth. 15 b. 20 a. 29 b. 38 b. 41 a. 55 b. 75 a etc., *ándermo* 20 a. 29 a. 34 a. 54 a. 56 b. 70 b. 81 a.b etc., *únsermo* 17 a, *únserro* 65 b, *luuerro* 71 b. 73 b. 74 a.b etc. Nach andern consonanten als *r* habe ich in dem bezeichneten stücke des Boethius kürzung nicht gefunden; es heisst *mánegero* 67 a, *hízzelero* 85 a etc.

Das eigentliche syncopierungsgebiet liefern also im ahd. bloss die schwachen verba. Aber auch hier liegen die sachen nicht so einfach als man gemeinhin anzunehmen geneigt ist. Hierauf nachdrücklich aufmerksam gemacht zu haben ist das verdienst von Begemann, schw. praet. 120 ff., dessen auseinandersetzungen bisher wenig beachtet zu sein scheinen. Mit der annahme einer unabhängigen rein lautlichen entwickelung der formen der einzelnen westgerm. sprachen aus einer grundform -*ida* kommt man nicht durch. Die schlagende übereinstimmung von praeteritis wie:

ags.	alts.	ahd.
leʒde	lagda, *legda*	—, *legita*
sæʒde	sagda	—, *segita*
hoʒde	hogda, *hugda*	hocta, *hugita*
hæfde	habda	hapta, *hebita*
lifde	libda	—
lette	latta, *letta*	lazta, *lezita*
sealde	salda	salta, *selita*
tealde, *telede*	talda	zalta, *zelita*
weahte	uuahta	uuahta, *uuekida*

oder unflectierten participien wie:

ʒeseald, *ʒeseled*	gisald	gisalt, *geselit*
ʒeteald, *ʒeteled*	gitald	gizalt, *gizelit*

und anderer, auf welche Begemann hinweist, tut die existenz einer praeteritalbildung ohne *i* bei kurzsilbigen verbis für die westgerm. spracheinheit unumstösslich dar. Die oben cursiv gesetzten formen müssen als modernere anlehnungen an praeterita wie alts. *nerida*, ahd. *nerita* gefasst werden (das ags. hat noch am wenigsten neues, nur in einzelnen formen hat es den

umgelauteten praesensvocal durchgeführt [*lezde, lette*], wie auch
das alts. in *legda, hugda, letta;* das ahd. lässt die alten formen
hocta, hapta sehr bald aussterben). Denn man darf diese
verba keineswegs wegen der secundären gemination des wurzel-
auslautenden consonanten in gewissen formen des praesens-
stammes zu den langsilbigen stellen, vgl. z. b. ags. *fremman* —
fremede, alts. *frummian* — *frumida* etc., in denen ja dasselbe
stattfindet, oder ahd. parallelen wie *selen* — *salta* bei Tatian
u. dgl. Ob man mit Begemann diese bildungsweise bereits der
germanischen grundsprache zuzuschreiben hat [1]) (wofür namentlich die *ht* in ags. *weahte, þeahte* etc. sprechen), mag hier unentschieden bleiben; jedenfalls existierte sie vor der trennung
der westgermanischen sprachen.

Die eigentümliche sonderstellung, die die praeterita und
participia in beziehung auf die syncope im ahd. einnehmen,
würde es nahe legen, die kürzeren formen ebenfalls schon der
westgerm. sprachperiode zuzuschreiben. Ich möchte dies aber
deswegen doch nicht für richtig halten, weil wir dann auf die
neue schwierigkeit stossen zu erklären, warum jene praeterita
kurzsilbiger verba mit wenigen ausnahmen den zu erwartenden unumgelauteten vocal haben, während die langsilbigen
ganz consequent umlaut zeigen (*hŭrde, dêmde* etc.). Es wird
also richtiger sein, die anomalie dem ahd. zuzuschieben, das
ja so wie so in vielen beziehungen inconsequenter verfährt als
die übrigen westgerm. sprachen, namentlich als das ags. Diese
inconsequenz muss ich freilich einstweilen unerklärt lassen; es
ist nicht unmöglich, dass hier genauere accentuntersuchungen
noch licht verschaffen (eine andeutung s. weiter unten beim
auslautsgesetz für -*a*).

Fassen wir das gesammtresultat für das ahd. zusammen,
so ergibt sich: in einem grossen teile der schwachen verba
zeigt sich dasselbe syncopierungsgesetz, welches das ags. und
alts. beherrscht. Andere formen werden durch dasselbe noch
nicht angetastet. Ihm tritt frühzeitig eine neigung zur ein-

---

[1]) Diese annahme involviert natürlich für das gotische die weitere
ansetzung einer grossen reihe von formübertragungen; die nord. formen
sind vielleicht nicht beweisend.

schiebung secundärer mittelvocale entgegen, viel stärker als
sie in den andern sprachen waltet; eine zeit lang wirkte auch
hier das ursprüngliche gesetz noch nach, insofern nur nach
kurzer silbe einschub gestattet ist (d. h. da wo ags. alts. nicht
syncopieren), bis allmählich auch dieser unterschied fortfällt.
Im ahd. ist die grundlage jener syncopierungserscheinungen,
das alte westgermanische accentgesetz, am ersten und am
stärksten in verfall geraten.
Dieser letztere satz ist von ziemlicher wichtigkeit für das
verständnis des verhaltens des ahd. in bezug auf die behandlung der germanischen endsilbenvocale, zu denen ich nun
übergehe.

III. Zum vocalischen auslautsgesetz.

Die bisherigen versuche, ein bestimmtes gesetz für die behandlung der schlusssilbenvocale im germanischen zu formulieren, legten in den wesentlichsten punkten die gotische lautgestalt zu grunde. Das gilt namentlich bezüglich der ursprünglich kurzen vocale der endsilben. Trotz mehrfacher versuche,
von seite der skandinavischen sprachen aus das aus dem gotischen gewonnene gesetz zu durchbrechen (so namentlich in
arbeiten von Wimmer, die später zu nennen sein werden), darf
man wol sagen, dass die formulierung des gesetzes wie sie
Westphal-Scherer gegeben haben, in Deutschland wenigstens noch
als die herschende angesehen wird.[1]) Sie lautet bekanntlich, dass
wie im gotischen jedes kurze a und i einer schlusssilbe mehrsilbiger wörter bereits gemeingermanisch ausgefallen sei, dass
aber kurzes u sich erhalten habe: so got. *dag-s, gast-s : sunus*,
ags. *dæȝ, ȝiest : sunu*, alts. *dag, gast : sunu*, ahd. *tac, gast : sunu*.
Alles übrige wird der entwickelung der einzelsprachen zu-
geschoben.
Scherer hat bekanntlich eine erklärung dieser erscheinung
gegeben, die fast allgemeinen beifall gefunden hat. Die vocale

[1]) Von den Deutschen hat, soweit ich sehe, nur Heinzel den satz
auszusprechen gewagt, 'dass auch nach der scheidung von den Ostger-
manen suffixale a in germ. endsilbe noch vorhanden waren', Niederfränk.
geschäftsspr. 53; dagegen aber alsbald Zimmer, Anz. f. d. altert. I, 98 ff.

a, i mit dem hohen eigentone sollen in widerspruch getreten
sein mit dem princip des germanischen accentes, die stammsilben durch tonerhöhung hervorzuheben. Die in der musika-
lischen scala tiefer liegende endsilbe erträgt nicht jene vocale,
wol aber das dumpfe *u*, dessen eigenton gleichfalls ein tiefer
ist (z. GDS. 135 f.).

Ich glaube, dass weder diese erklärung, so ansprechend
sie auf den ersten blick ist, sich halten lätst, noch dass überhaupt ein vocalisches auslautsgesetz in dem bisher angenommenen umfange existiert. Für die längen hat neuerdings insbesondere Paul in diesen Beiträgen IV, 315 ff. diese ansicht
eingehender durchgeführt, ich hoffe hier zeigen zu können,
dass auch der schwund ursprünglich kurzer *i* und *a*
der endsilben meist erst dem einzelleben der germanischen sprachen angehört. Auf die geschichte ursprünglicher längen werden wir nur gelegentlich einzugehen
haben.

Um das wesen dessen, was man 'auslautsgesetz' zu nennen
pflegt, richtig zu verstehen, muss man vor allem éinen gesichts-
punkt fortwährend im auge behalten. Das wort verändert
sich nicht an sich allein, sondern sein wandel ist stets
durch seine stellung im satze bedingt. Dieser gesichts-
punkt ist, wenn ich nichts übersehen habe, zuerst von
H. Schuchardt in seinem im jahre 1872 auf der Leipziger
philologenversammlung gehaltenen vortrag 'über syntaktische
modificationen anlautender consonanten im mittel- und süd-
italienischen' klar und deutlich hervorgehoben.[1] Im anschluss
an ihn habe ich sodann in der Jenaer literaturzeitung 1874
s. 146 b die gestaltung des franz. wortauslautes unter diesem
gesichtspunkte zu erklären gesucht. Vor allem hat aber
neuestens Georg Curtius in seiner abhandlung über die griech.
auslautsgesetze, Studien X, 205 ff., die ganze frage einer prin-
cipiellen erörterung unterzogen. Indem ich mich auf diese
ausführungen stütze, glaube ich an die spitze unserer betrachtung der auslautsgesetze den satz stellen zu dürfen: Die form
eines jeden wortes, welche sich als die normalform dem be-

[1] S. die berichte über die verhandlungen dieser versammlung s. 208,
ferner Zs. f. deutsche phil. IV, 211. Germ. XVII, 383.

wustsein des sprechenden einprägte (und demnach auch in den
meisten fällen diejenige ist, welche zu graphischer darstellung
gebracht wird, wo nicht wie im sanskrit nur satzschrift, nicht
wortschrift besteht), ist diejenige, welche im zusammenhange
der rede durchschnittlich am häufigsten vorkommt. Dies gilt
nun namentlich da, wo es sich um ausstossung ganzer silben
handelt. Die betrachtung einer ganz beliebigen modernen
sprache zeigt ja alsbald, dass im innern des satzes die neigung
zu verkürzungen viel stärker ist, als am satzschluss; in der
regel hat die clausel des satzes ein grösseres gewicht, namentlich pflegt sich das tempo, in dem die einzelnen silben ge-
sprochen werden, wesentlich zu verlangsamen. Insofern kann
man die clausel als ein conservatives element in der entwicklung der wortform betrachten, welche als correctiv für die
rascher fortschreitende verstümmelung der wörter im satzinnern
dienen kann. Beide factoren werden vielfach in widerstreit
mit einander liegen, und auch bei der gesprochenen sprache
wird allmählig eine ausgleichung eintreten, sobald die differen-
zen zwischen satzinlaut und -auslaut dem sprachbewustsein
deutlicher gegenübertreten; und da die entwicklung der sprache
in den meisten fällen zur kürzung und vereinfachung führt, so
wird auch die pausalform schliesslich der in der entwicklung
vorgeschrittenern form des satzinnern sich anbequemen müssen,
und so fort in beständigem flusse. Es ist gerade dies wider
ein gebiet, bei dem das walten der analogiebildungen und
ausgleichungen aufs deutlichste sichtbar wird.

Wir ziehen aus derartigen erwägungen die principielle
lehre, dass wir uns zunächst zu fragen haben: in welcher
satzumgebung traten altgerm. formen wie *dagaz, *gastiz etc.
am gewöhnlichsten auf, und wie ist danach ihre verkürzung
in dags, gasts etc. zu beurteilen. Die antwort ist ziemlich
einfach. Nach dem neuen germanischen accentgesetz ist der
häufigste fall der, dass das folgende wort mit einem hochton
beginnt (ausnahmen machen ja nur gewisse en- und procliticae);
für die endsilbe eines beliebigen wortes lässt sich also im allgemeinen die charakteristik festsetzen: sie steht zwischen zwei
höher accentuierten silben und zwar unmittelbar vor der
zweiten von diesen. Von dieser stellung muss also auch
ihr geschick hauptsächlich abhängen. Um die sache auf eine

einfache formel zu bringen, können wir sagen: wir dürfen
dags, *gasts* nicht aus der clauselform *dagaz ‖, *gastiz ‖ ableiten, sondern aus formeln wie *dágaz ist (...) ‖, **gástiz
ist* (...) ‖ etc.

Wir haben also hier für unsere worte das accentschema
⌣̆ ⌣̆⌣̆ (...). Es leuchtet, denke ich, ohne weiteres ein, dass
dieses den in der bisherigen untersuchung so vielfach verwanten schemen ⌣̆ ⌣ ⌣̆ und ⌣̆ ⌣ ⌣̆ so ähnlich ist wie nur möglich. Der unterschied kann nur ein gradueller sein; ob der
folgende accent ein hochton oder tiefton ist, bleibt sich im
wesentlichen gleich. Ist dies richtig, so muss die consequenz
sein, dass auch jene worte unter der einwirkung derselben
gesetze verkürzt sind, welche die syncope inlautender vocale
bei dreisilbigen wörtern bedingten.

Wie stimmen nun die sprachlichen tatsachen mit
diesen erwägungen? Durchaus nicht, wenn wir die bisherige formulierung des auslautsgesetzes dazu halten, sie stimmen vollkommen, wenn wir das sprachliche material richtig
ordnen.[1]

1. Der auslaut zweisilbiger wörter.

Vor allem muss für die betrachtung der auslautsgesetze
das verhalten des westgermanischen massgebend sein, da
in diesem das accentprincip mit allen seinen folgen am klar-
sten hervortrat. Wir wenden uns dabei zunächst an die ein-
fachsten wortformen, die zweisilbigen wörter. Widerum ist
mit einem speciellen falle die untersuchung zu eröffnen, der
betrachtung des *u*, weil wir dabei von dem allgemein zuge-
standenen satze ausgehen können, dass die erhaltung des *u*
die trennung der germanischen sprachen überdauerte.

Hier gilt nun ohne weiteres die regel: Germanisches
u bleibt westgermanisch nur nach kurzer silbe, es
schwindet nach langer. Man vergleiche die beispiele:

---

[1] Ich habe hier diesen theoretischen teil vorausgestellt, um für die
beurteilung der folgenden tatsachen von vornherein eine fundierung zu
haben; doch will ich ausdrücklich bemerken, dass der gang meiner
untersuchung genau der umgekehrte gewesen ist, dass erst die factische
regel gefunden wurde, nachher sich die erklärung ergab. Es ist vielleicht nicht unnötig, dies hervorzuheben.

kurzsilbige:

got.	ags.	alts.	abd.
faíhu	feo(h)	fehu	fihu
filu	feola	filu	filu
haírus	heoru-	heru-	—
liþus	leoðu-, lið	liðu-, lið	lidu-, lid
magus	mazu	magu	—
sidus	sidu	sidu	situ
skadus	sceadu	(skado)	scatu
sunus	sunu	sunu	sunu

langsilbige:

áírus	âr	[êr]	—
dáuþus	deáð	dôð	tôd
faírhvus	feorh	ferah	(ferah)
flôdus	flôd	flôd	fluot
(fôtus	fôt	fôt	fuoz)
háidus	hâd	hêd	heit
hûhrus	hunzor	hungar	hungar
leiþus	lið	lið	lid
luftus	(lyft)	luft	luft
lustus	—	[lust]	lust
maíhstus	mist?	—	mist
skildus	scyld	[skild]	skilt
tunþus	tôð	[tand]	zan(d)
þaúrnus	þorn	[thorn]	dorn
vaddjus	wâz	[wêg]	—
vahstus	—	—	uuahst
vaírdus	—	—	uuirt
viþrus	—	—	uuidar.

Hierzu ist zu bemerken, erstens, dass auch alle übrigen westgerm. als *u*-stämme durch die endung -*u* belegten wörter kurzsilbig sind, z. b. ags. *freoðu, meodu, lazu, wudu*, alts. *friðu*, abd. *fridu, sigu, hugu*[1]) u. dgl.; zweitens dass genau dasselbe verhältnis sich auch bei der composition zeigt, welche natürlich unter denselben gesetzen steht, da wir es bei ihr mit exquisit festen accentuierungsformen zu tun haben, ja dass in einigen fällen die composita den lautgesetzen getreuer gewesen sind als die simplicia; so heisst es ags. alts. abd. z. b. ausser der composition stets *lið* resp. *lid*, in der composition

---

¹) Ob diese worte ursprüngliche *u*-stämme waren, oder etwa erst durch die wirkung des consonantischen auslautsgesetzes dazu geworden sind, ist natürlich hier gleichgültig.

erscheint aber nur *leoðu-, liðu-, lidu-*. Was diese kürzeren
formen, wie ags. *feoh, frið, lið*, ahd. *lid* betrifft, so sind sie
gewis dem muster der viel zahlreicheren langsilbigen wörter
gefolgt. Was diese selbst anlangt, so braucht kaum darauf
noch ausdrücklich hingewiesen zu werden, dass mit dem ver-
luste des charakteristischen kennzeichens *u* massenhafte über-
tritte in andere declinationsreihen, geschlechtswechsel etc. ver-
bunden gewesen sind.

Dieselbe doppelheit weisen nun im westgermanischen diejenigen wörter auf, welche gotischen etc.
i-stämmen gegenüberstehen; alle kurzsilbigen zeigen, insbesondere auch in der composition, ein *i* resp. *e* am wortende,
welches bei den langsilbigen fehlt.[1]) Ich brauche hier wol nur
die kurzsilbigen herzusetzen:

got.	ags.	alts.	ahd.
baúr	byre	—	—
hugs	hyʒe	hugi	bugi
mats	mete	meti	(*maz*), mezzi-
muns	myne	muni-	Muni-
qums	cyme	cumi	chumi
slahs	sleʒe	slegi	(*slag*), slegi-
staþs	stede	stedi[2])	(*stat*)
vins	wine	uuini	uuini
vlits	wlite	uuliti	—

Im angelsächsischen ist die zahl der hierher gehörigen
wörter sehr gross; ich nenne z. b. die masculina *bere, bite,
bryce, bryne, cwide, cyre, drepe, drype, eʒe, flyʒe, ʒryre, hryre,
lyʒe, lyre, ryne, scyte, sele, stepe* etc., ferner alle abstracta auf
-scipe = alts. *-scepi*, altn. *-skapr*. Feminina und neutra
scheinen im ags. zu fehlen; für alts. *stedi* f. erscheint mascu-

---

[1]) Dies hat zuerst gesehen Schlüter, über die mit dem suffix *ja* gebildeten deutschen nomina 33. 206 u. ö.; aber er hat die erscheinung
ganz misverstanden oder nicht die nötigen consequenzen gezogen, indem
er einen 'versuch eines jüngern übertrittes in die *ja*-declination' darin
sieht, obwol er anderwärts, s. 209 bemerkt, dass das alts. in der erhaltung dieser älteren declinationsweise das got. übertreffe.

[2]) Gegenüber der mit grosser hartnäckigkeit festgehaltenen ansetzung eines alts. nom. *stad* locus bemerke ich ausdrücklich, dass nirgends eine andere form als *stedi* für diesen casus belegt und dass auch
keine andere möglich ist.

lines *stede*, welches offenbar auf jüngerem wechsel des geschlechts beruht. Ebenso bei den neutris. Man lehrt gewöhnlich, dass im germ. die neutralen *i*-stämme bereits erloschen seien; aber tatsächlich existiert noch ein wort, das ursprünglich ein solcher stamm, ganz nach art der oben berührten wörter flectiert, nämlich ahd. *meri*; dies ist wider im ags. masc. geworden, wie im nord. *marr*, im alts. aber fem. *meri* (wie got. *marei*). Auch dem alts. neutrum *meni* steht ein ags. *mene* m. gegenüber, bei diesem ist aber das ursprüngliche germanische geschlecht zweifelhaft (skr. *mani* m., ahd. *menni* n. ist *ja*-form). Aber man darf doch sagen, dass die *-i, -e* in *meri, mere* etc. derselben beurteilung unterliegen müssen wie die der übrigen angeführten wörter, zumal sich *meri, mere* sowol im ahd. wie im ags. von der flexion der *ja*-stämme deutlich unterscheidet (s. meine paradigmen, ergänzungsblatt s. VI). Ferner gibt es auch noch einige hierher gehörige adjectiva, nämlich *bryce* zerbrechlich, und *cyme* lieblich (vgl engl. *comely*). Von letzterem ist zwar der nom. nicht belegt, aber es kann kein zweifel sein, dass hier nicht *ja*-stämme vorliegen, weil der endconsonant der wurzelsilbe sich der gemination entzieht.

Für das altsächsische lässt sich nicht so viel zusammenbringen. Ausser dem bereits in der tabelle gegebenen und den abstractis auf *-scepi* haben wir noch an masculinis *biti, fluti*[1]) gl. Prud. 744, *gruri, heti, selfkuri* Psalmencomm. 67 (nach der evidenten verbesserung von Heinzel, Denkm.[2] 546, nach ahd. *selbchuri* und ags. *cyre*), *quidi, seli, suiri, uurisi* (in *uurisi-fic*), auch wol *flugi*[1]) nach dem dat. *flugia* gl. Prud. 521 = ags. *bite, zryre, hete, cyre, cwide, sele, smire, flyze*. An femininis haben wir sicher *stedi* und wol auch *beki*, das oft in ortsnamen als zweites glied erscheint, und das neue *meri*, das man nicht als *meri* anzusetzen braucht; endlich *spuri* in *spurihelfi* Denkm. IV, 4. Auch scheint ein adj. *drugi* (: *luggi*) trügerisch zu existieren Hel. 264, wenn man dort nicht etwa ein compositum *drugithing* ansetzen will, welches mir aber keine rechte wahrscheinlichkeit hat.

Das althochdeutsche hat wider besonders stark auf-

---

[1]) Heyne setzt im glossar zur zweiten ausgabe der kl. altniederd. denkm. *fluti* und *flugi* ohne ersichtlichen grund als neutra an.

geräumt. Es bestehen noch sicher alte formen von *uuini* und *risi*, von neutris *meri*, von femininis *turi*, das erst aus der consonantischen declination hierher übergetreten ist, und *kuri*, mhd. *tür* und *kür*; hier beweisen die Notkerischen formen *ture* und *kure* (Graff V, 445. IV, 519), dass man nicht etwa, wie öfter geschehen ist, *turi und *kuri ansetzen darf, Braune, Beitr. II, 137). Hierzu kommt aus der composition noch *spuri-* in *spurihalz*, *spuri-hunt* (Denkm. IV, 4 und anm. 1, Graff IV, 977). Gewis ist aber noch manches andere, das man bisher nur mit mühe anders untergebracht hat, hier einzureihen. So ist *quiti*, das Graff IV, 647 als f. und n. ansetzt, offenbar masculinum = ags. *cwide*; der dat. sg. *ûfchume* Pa. gl. K. zu *ûfchumi* origo Graff IV, 673 sichert diesem worte ebenfalls männliches geschlecht, im verein mit ags. *cyme*, alts. *cumi*, und darnach werden auch die übrigen worte auf *-quimi*, *-quemi* etc. bei Graff l. c. zu beurteilen sein (so auch schon Schlüter a. a. o.). In der hauptsache aber sind die nominative der kurzsilbigen denen der langsilbigen gleich gemacht. Bei einigen, wie *bruh*, *duz*, *haz*, *maz*, *nuz*, *scuz*, *staph*, könnte man an einen einfluss der lautverschiebung denken, welche die quantität der stammsilben veränderte, aber für andere, wie *flug*, *sal*, *slag*, *stat*, *scrit*, *snit* bleibt doch nur die annahme einer formübertragung möglich (näheres darüber s. bei Paul, Beitr. IV, 397 f.). In der composition tritt aber das *i* wider mehrfach auf, wo es im simplex geschwunden ist, so in *salihûs* gl. K. 141ª, 1, *scritimâl* (neben *scritamâl*), *scritimez* Graff II, 716. 895 zu *scrit*, *slegifedara* Graff III, 448 zu *slag*; *fluge-gerta*, *-ros*, *-scuoh* Graff IV, 258. 1180. VI, 419 zu *flug* (so auch wol die zahlreichen formen mit *trugi*, wie *trugilîh*, *trugiheit*, *trugibilidi* etc. Graff V, 508): selbst bei langsilbigen findet sich dies noch, nämlich in *mezzimuos* Graff II, 870 und *mezzi-rahs* neben *mazsahs* ib. VI, 90, *brûtigomo*, *brûtiboto*, *truhtigomo*, *nahtigala*, J. Grimm, gr. II, 419, neben *brûtbetti*, *brûtkamara*, *nahtlob* etc. ib. II, 420.

Was ist nun jenes *i*, das im nom. acc. sg. und in der composition erscheint? Um diese frage dreht sich alles. Man hatte bisher alle diese wörter der *ja*-declination zugewiesen, soweit masculina und neutra in betracht kamen, der declination der abstracta auf *-i*, was von femininis vorlag. Hiergegen

hat aber Schlüter mit recht eingewant, dass dann der wurzel-
auslautende consonant wie bei den *ja*-stämmen geminiert sein
müste und dass im ags. der nom. nicht auf -*e* auslauten könnte,
vgl. z. b. *hyʒe* mit *hrycʒ, myne, wine* mit *cynn, wlite* mit *flett*
u. dgl. (s. auch weiter unten bei den *ja*-stämmen). Man kann
dazu noch fügen, dass auch die flexion gar nicht übereinstimmt; wir finden im ags. für den plural als regel die endung
-*e* gegen -*as* der *ja*-stämme, im Heliand noch mehrere plurale
auf -*i*, so *cumi, quidi, uuini* gegen das -*iôs* bei den *ja*-stämmen
(nur einmal angeglichen *seliôs* C 3686), im dat. sg. massenhaft
die endung -*i*, *uuordquidi, hugi, seli, meti* neben dem angeglichenen -*ie*, welches bei den *ja*-stämmen allein herrscht.
      Ebensowenig wie aus der *ja*-declination kann das -*i* des
nom. acc. sg. aus dem plural oder einem andern singularcasus
hergeleitet werden, denn dann begriffe sich durchaus nicht die
consequenz, mit der nur kurzsilbige wörter diese 'umbildung'
erfahren hätten. Dazu halte man nun den vollkommenen
parallelismus der *u*-stämme, und man wird nicht mehr zweifeln dürfen, dass dieses -*i* der alte stammauslaut ist, und
dass daher von einem gemeingermanischen ausfall des *i* in
zweisilbigen nominibus so wenig die rede sein kann wie von
einem des *u*. Ein gegenbeweis gegen diese aus der nominalflexion gewonnenen resultate lässt sich aus dem verbum nicht
führen; denn dieses kennt im ganzen nur ursprünglich dreisilbige formen; die beiden einzigen ursprünglich zweisilbigen
formenreihen, die sich im germanischen erhalten haben, *im, is,
ist, sind* und *dôm, dôs, dôð, dônð* (die reduplication des letzteren
wortes war schon gemeingerm. geschwunden) sind ja zugleich
langsilbig und fügen sich der regel. Die möglichkeit ist allerdings nicht ausgeschlossen, dass die ursprünglich auslautenden
i dieser wörter anders behandelt wurden, als die gedeckten *i*
der nom. und die vielleicht ebenso durch den ursprünglich da-
hinter stehenden nasal *m* wie durch den systemzwang geschützte *i* des acc. der nomina.[1]) Anstössig ist nur eine form,

----

1) Ags. *dês, dêð* kann nicht als zeugnis für die erhaltung des -*i* in
ags. zeit gefasst werden, denn das verbum *dôn* ist im ags. ganz zur con-
jugation der verba mit thematischem vocal übergetreten. Sonst müsste
es ja auch *ic *dêm* und in der 3. pl. *dêð* heissen. — Für ursprünglich

das ags. alts. comparativadverb *bet*, ahd. *baz*, für das man
bete, *beti* erwarten sollte, wenn diese formen — got. *batis*
mit gemeingerm. *i* sind.   Aber diese form unterliegt selbst
einer reihe von bedenken, s. unten s. 111 u. ö. Ueber die adverbien und praepositionen *umbi* und *in* etc. kann erst weiter
unten gehandelt werden.

Es knüpfen sich hieran alsbald die weiteren fragen: darf
man die durchführung dieses abfallsgesetzes in den westgermanischen sprachen als einen gemeinschaftlichen akt derselben
bezeichnen, und wie stellt sich das ostgermanische dazu?
Auf die erste frage lautet die antwort mit entschiedenheit nein.
Wir sind glücklicherweise noch im besitze zweier ags. formen,
welche die sache definitiv erledigen.   Auf dem Clermonter
runenkästchen (Stephens, the old northern runic monuments I,
470 ff., C. Hofmann, Sitzungsber. der Münchener Akad. 1871,
s. 665 ff.) steht der nom. sg. *flôdu*, auf dem kreuz von Bew-
castle (Stephens I, 398 ff.) der nom. *olrvfwolþu*[1]) (beide formen
hat schon Sweet [on prehistoric forms and dialects of old
english s. 6.] hervorgehoben).   Aus ihnen sowie aus der tatsache,
dass *i* bei langsilbigen im ags. noch umlaut erzeugt (s. gleich
nachher), nicht aber im ahd. und alts., folgt, dass der schwund
des *u* und *i* nach langen silben erst in das einzelleben der
westgerm. sprachen fällt, dass in der westgerm. einheit beide
vocale noch ebenso intakt erhalten waren wie es das *u* im
gotischen ist.   Nur das accentgesetz, welches die verschiedene
behandlung der kurz- und langsilbigen wörter bedingte, ist gemeinsam gewesen. — Eine besondere bestätigung hierfür bietet
übrigens die behandlung der consonantischen declination.   Bei den langsilbigen *i*-stämmen könnte man zweifeln
wollen, ob der umlaut im nom. acc. sg. (z. b. *ziest*, *wyrm*, *wylm*,
die feminina s. Beitr. I, 496 f.) lautgesetzlich oder durch
formübertragung zu erklären sei; diese formen lassen sich deshalb nicht mit völliger bestimmtheit zur festsetzung der chro-

auslautendes *u* fehlen verbalbelege. Man vgl. übrigens was unten über
worte wie *in*, *umbi* gesagt ist.
   [1]) Die inschrift lautet soweit sie hier in betracht kommt: *þis sige-
becn þun (-bêcun?) setton hwætred woþgar olrvfwolþu aft alcfriþu ean
kyning eac oswiung † gebid heo sinna sowhula.*

nologie des vocalschwundes benutzen; wol aber lassen formen
wie ags. *fêt, mŷs* etc. im dat.-loc. sg. und nom. (-acc.) pl. keinen
zweifel übrig; sie stehen für **jôti, *mûsi* resp. **fö'tiz, *mû'siz*
(-*iz* aus europ. -*es*, s. Paul, Beitr. IV, 418, vgl. auch altn.
dohtrir auf dem stein von Tune). Der ausfall des vocals
i ist also jünger als der eintritt des umlauts im
angelsächsischen.[1] Im ahd. und alts. fehlt dagegen der
umlaut wie bei den entsprechenden langsilbigen alten *i*-stäm-
men ganz der regel entsprechend, da diese beiden sprachen
den umlaut erst relativ später eintreten liessen.[2]

Was das verhalten des ostgermanischen betrifft, so
hat das gotische bekanntlich alle *i* in zweiter silbe getilgt,
ausser in den comparativadverbien auf -*is* wie *batis*, neben
solchen wie *mins, vairs, þanaseips, suns.* Paul hat Beitr. IV,
414 anm. bereits richtig bemerkt, dass die vollere form aus
dem adjectivum eingedrungen ist. Wider anders das nordische. Dieses erschwert zwar den einblick in den gang
seiner lautentwicklung über die massen durch die ausserordentliche zerrüttung seiner *i*-declination, die mit allen übrigen declinationen durcheinander geworfen ist. Aber ich meine doch,
dass eine art resultat zu erreichen ist, wenn man zunächst die
sicher vergleichbaren *i*-stämme des nordischen und der übrigen
germ. sprachen zusammenstellt. Dies gibt folgendes bild:

---

[1] Ahd. und alts. haben nur wenige deutliche reste der cons. declination einsilbiger stämme bewahrt. Interessant ist die behandlung des
abstufenden stammes *dhvar, dhur* (vgl. Osthoff, Beitr. III, 49. 74 ff.);
dieser ergab nach ausgleichung der stammabstufung und eintritt des *um,
un* für nasalis sonans die flexion **(dur?), *duras, *duri, *durum*, pl.
*duriz, *durôm, *durums, *duruns. Nom. sg. und gen. pl. lieferten das
neutr. got. *daúr* etc., acc. sg., dat. und acc. pl. das ags. *duru*, loc. sg.
und nom. pl. das ahd. *turi.* Dies zur ergänzung von Brugman, Studien
IX, 395.

[2] Hier macht wider nur das alts. adverb *leng* für **langiz* eine
schwierigkeit; wir haben darin jedenfalls ein beispiel eines analogischen
umlauts zu sehen, wie in nord. *betr, bezt*, s. unten und Braune, Beitr. IV,
542 ff.

kurzsilbige:		langsilbige:	
altn. burr = ags. byre		altn. bekkr = ahd. banc	
Danr	Dene pl.	belgr	balg
halr	hæle	drykkr	trunc
hugr	hyʒe	ermr f.	got arma (*i*-st.).
marr	mere	fengr	ahd. fang
matr	mete	flœðr f.	fluot
munr	myne	gestr	gast
nár	nê, got. naus	leygr	loug, ags. lêʒ, líʒ
salr	sele	reykr	rouh, ags. rêc
skapr	-scipe	serkr	sarc (?)
slagr	sleʒe	strengr	strang
þulr	þyle	sœgr	ags. swêg
viur	wine		

Diese tabelle lehrt, dass bei den langsilbigen umlaut eintritt, dass er aber bei den kurzsilbigen fehlt. Nun halte man hierzu die sicher vergleichbaren *ja*-stämme, die in der flexion grossenteils mit jenen *i*-stämmen zusammengefallen sind und von den grammatikern in der regel nicht streng von ihnen getrennt werden.[1]) Wir finden da an kurzsilbigen, auf die allein es hier ankommt:

masculina:		neutra:		feminina:	
beðr = ags. bedd n.		flet = ags. flett		ben = ags. benn	
dynr	dynn	kyn	cynn	egg	ecʒ
herr	here	lyf	ahd. luppi	hel	hell
bryggr	hrycʒ	net	ags. nett	nyt	nytt
vefr	webb n.	veð	ahd. wetti	skel	scell
þrymr	þrymm				

Also regelmässig umlaut, wie bei den langsilbigen *i*- (und *ja*-) stämmen. Danach muss man schliessen, dass die unumgelauteten nominativformen[2]) der kurzsilbigen *i*-stämme die

---

[1]) Auch nicht von Wimmer (auf dessen vortrefflichen sammlungen altn. gr. § 40 ff. übrigens meine obigen zusammenstellungen beruhen), für den standpunkt seiner grammatik mit recht. Wimmer macht auch, besonders in der schwedischen ausgabe § 43, anm. 3 auf die grosse rolle aufmerksam, welche die quantitätsunterschiede der wurzelsilben bei der nord. *i*- und *ja*-declination spielen.

[2]) Es ist selbstverständlich, dass nur nom. acc. sg. der *i*-stämme unserem gesetze unterlagen; für die übrigen casus, namentlich nom. acc. pl., welche eigentlich umlaut haben sollten, wie im ahd. alts., ist die form des sg. massgebend geworden, s. Scherer z. GDS. 420. — Für die praktische grammatik des nordischen gewinnen wir die regel, alle kurz-

rein lautlich entwickelten fortsetzungen der urgerm. *buriz etc.
sind, mit andern worten: das i der kurzsilbigen i-stämme
fiel im nordischen vor, das der langsilbigen erst
nach dem eintritte des i-umlautes aus. Dies stimmt
vortrefflich zu dem, was früher (oben s. 69) über die syncope
des inneren i beobachtet wurde, deren gesetze sich am deut-
lichsten in den praeteritis der schwachen verba ausprägen:
barða, dvalða, valða, aber brenda, dæmða, heyrða etc. Das
hier geltende syncopierungsgesetz ist genau das gegenteil von
dem, welches die westgermanischen sprachen beherscht.

Ganz ohne ausnahmen scheint allerdings die regel nicht
aufgehen zu sollen, aber alle diese lassen sich durch richtige
erklärung so ziemlich beseitigen. Zunächst haben die langsilbigen feminina der i-stämme, wie ást, dáð, húð, ván, sótt etc.
meist keinen umlaut: nur átt und ætt, bón und bœn, kván und
kvæn, sátt und sætt schwanken (Wimmer § 48 anm. 3). Wie
aber hier schon der mangel des nominativ-r zeigt, sind diese
worte ausserordentlich frühzeitig im sing. zur bildung der á-
stämme übergetreten, deren u-umlaut sie sogar im nom. sg. bekommen, z. b. alt ǫst, dǫð, Wimmer § 48 anm. 2. Nur zwei
wörter scheinen den typus der alten flexion zu tragen, flœðr
flut, gegen got. flódus, ags. flód(u), und das weiblich gewordene
ermr ärmel (wenn man dieses direct zu got. arms m. [i-stamm]
stellen darf), und beide haben den umlaut. Von den unumgelauteten femininis mit r im nom., die ihrer flexion nach
hier in betracht kämen, ist das eine, gunnr (flectiert wie heiðr,
acc. pl. heiðar, Wimmer § 41. 42) jā-stamm und verdankt
seinen unumgelauteten vocal der einwirkung eines nebenher-
gehenden a-stammes, der auch im ags. gúð, ahd. Gunda- in
eigennamen wie Gunda-hari neben gúdea Hild. vorliegt; das

silbigen wörter ohne umlaut, welche nach art der i- oder ja-stämme
flectiert werden, als i-stämme, alle desgl. umgelauteten als ja- (und ju-)
stämme anzusetzen. Beide declinationsformen ganz auseinanderzuwirren
wird wol unmöglich sein, da der allein entscheidende acc. pl. (-i oder
-ja) nicht von allen wörtern, die hierher gehören (und diese sind sehr
zahlreich), belegbar sein wird. — Den zahlreichen formübertragungen,
die hierbei in betracht kommen, weiter nachzugehen kann hier nicht
meine aufgabe sein.

6

andere, *brúðr* scheint eine wirkliche ausnahme zu bilden (über
die flexion s. Wimmer § 42, anm. 3).

Als *i*-stämme werden sodann eine anzahl langsilbiger
masculina ohne umlaut angesetzt: *burðr, kostr, sauðr, skurðr,
stulðr, sultr, þurðr,* Wimmer § 44. 45. Ausser *sauðr,* welches
als sichere ausnahme bleibt (vgl. got. *saudim* Marc. 12, 33) sind
jene wörter verbalsubstantiva, die zum teil sehr wol ursprünglich *u*-stämme gewesen sein können (suffix *-tu*); vgl. got. *kustus*
= altn. *kostr* (acc. pl. auch noch *kostu*), *lustus, vahstus* und
die auf *-ôdus, aúhjôdus, gabaúrjôþus, manniskôdus, vratôdus*; in
die analogie dieser müssen dann *fundr* und *sultr* (zu *finþan*
und *swellan*) vermöge ihrer bedeutungsähnlichkeit übergetreten
sein; ursprünglich mögen sie *i*-stämme gewesen sein, vgl. mhd.
vunt, vünde, ags. *swylt,* aber auch got. *svultavairþja* Luc. 7, 2.
Sodann finde ich ein umgelautetes kurzsilbiges wort,
welches einem sonstigem *i*-stamm zu entsprechen scheint, nämlich *þytr* Wimmer § 41 B, = ahd. *duz*, got. in *þut-haúrn*;
dies mag sich an die vielen umgelauteten verbalsubstantiva
angelehnt haben, welche Wimmer a. a. o. aufzählt, wie *dykr,
fnykr, glymr, gnýðr, gyss, hlymr, hrytr, rymr, styrr, ylr, yss,
þrymr* etc., die man nach sicheren beispielen wie *þrymr* =
ags. *þrym,* dat. pl. *þrymmum,* für *ja*-stämme oder, wenn man
altn. *drynr* pl. zu got. *drunjus* vergleicht, für *ju*-stämme halten
muss. Es wiederholte sich dann die eben bei *fundr, sultr* besprochene erscheinung.

Ferner ist die consonantische declination hier zu erwähnen.
Die meisten wörter derselben sind langsilbig, also ist der umlaut gerechtfertigt (masc. *fœtr, menn, negl,* fem. *hendr, rœtr,
mýss* etc., Wimmer § 53—59); kurzsilbig nur *hnot, stoð* mit
den pluralen *hnøtr, hnetr; støðr, steðr* und das pl. t. *dyrr.*
Von diesen sind die plurale der beiden ersten sicher analogiebildungen nach den langsilbigen, denn sonst müste der umlaut
von *o* vielmehr *y* sein (**hnytr,* da das wort zu einer *u*-wurzel
gehört, vgl. ahd. *hnuz*), und dasselbe wird man dann auch von
dyrr annehmen dürfen; der umgelautete plural muss sich zu
einer zeit herausgebildet haben, wo noch ein (unumgelauteter)
sing. bestand.

Endlich bleiben noch einige comparativ- (und superlativ-)
adverbien wie *betr, fremr, skemr* und *bezt, fremst, skemst*; diese

stehen wie die entsprechenden adjectivischen formen *betri*,
fremri etc. unter dem einflusse der regelrecht umlautenden
langsilbigen, sie haben analogischen, nicht etymologischen oder
lautgesetzlichen umlaut; neben *beztr*, *bezt* kommt übrigens das
zu erwartende *baztr*, *bazt* wirklich vor, und zwar als ältere
form bis zum ende des 12. jahrhunderts fast ausschliesslich; s.
Cleasby-Vigfússon s. 61 f.

Ein zeitlicher unterschied in der behandlung unbetonter
i und *u* in gleicher stellung (d. h. entweder beide nach kurzer
oder beide nach langer silbe) liess sich für das westgermanische nicht constaticren. Für das nordische besteht ein
solcher; das *u* hat auch bei kurzsilbigen umlaut resp. brechung
hinterlassen; es heisst *mǫgr*, *þrǫmr*, *lǫðr*, *kjǫlr*, *mjǫðr*[1]) ebenso wie bei inlautendem *u*, z. b. *jǫklar*, *jǫtnar*, *fjǫtrar*. Wir
finden hier dieselbe regelmässigkeit wie in den reihen *staðr*,
matr, *munr* und *katlar*, *luklar*, *Agli* oder *barða*, *vakða*, *spurða*
u. s. w. Diese erscheinung ist, wie ich glaube, von Edzardi,
Beiträge IV, 160 f. richtig dahin gedeutet, dass die syncope
des *u* einer späteren zeit angehöre als die des *i*. Wir können
hier vielleicht noch den weiteren schluss ziehen, dass das
nordische hierin sich mit dem gotischen näher berühre, insofern dieses ebenfalls mit dem *u* conservativ verfährt. Natürlich soll hiermit nicht etwa ein historischer zusammenhang
der syncopierung des *i* für gotisch-nordisch behauptet werden,
aber wol darf man annehmen, dass ebenso in der ostgermanischen einheit ein für uns noch nicht näher bestimmbares
etwas in der articulation vorhanden gewesen ist, welches die
frühere syncope des *i* nach der trennung in beide sprachzweige
unabhängig von einander bedingte, wie wir für das westgermanische ein gemeinsames accentprincip fanden, das schliesslich zu einem übereinstimmenden syncopierungssystem führte.

Wir kommen nun zu dem weitaus schwierigsten teile der
ganzen untersuchung, nämlich der frage nach dem alter und

---

[1]) Aber warum heisst es *limr*, *litr*, *siðr* (*kviðr*)? Ags. *lim* ist a-
stamm, got. *vlits* i-stamm, hier erklärt die übertragung in eine andere
declination die sache; aber *siðr* = got. *sidus*? Altn. *valr* = got. *valus*
ist zur i-declination übergetreten.

den gesetzen der syncopierung des *a*. Dieses ist von
allen germanischen sprachen in weit grösserem umfange verdrängt als die beiden anderen grundvocale *u* und *i*. Es liegen
zwei möglichkeiten der erklärung vor. Erstens: die sache hat
einen rein physiologischen grund. Dafür spricht, dass dieselbe
erscheinung auch andere sprachen zeigen, wie etwa das
litauische. Die ältere sprache hat noch alle drei vocale in
den endungen, die moderne syncopiert das *a* im nom. sg. der
a-stämme, nicht aber die entsprechenden *i* und *u*: *pōns, vīlks,*
aber *dùlgis, àntis, tùrgus* etc. (doch freilich auch *pōnāms* aus
pónāmus etc., wobei aber die mehrsilbigkeit mit in anschlag
gebracht werden muss, vielleicht auch qualitative unterschiede
des *u*). Die erklärung liegt meines erachtens darin, dass *a*
als derjenige vocal, welcher der indifferenzlage am nächsten
liegt und also die umgebenden consonanten am wenigsten be-
einflusst, am leichtesten ausfallen kann, ohne weiterungen zu
veranlassen; *i* und *u* dagegen wirken stark auf ihre nachbar-
schaft ein, sie rufen namentlich bei vorausgehenden lauten
mouillierung resp. labialisierung hervor (deren vorhandensein
im germanischen die umlaute bezeugen). Bei schwacher aussprache des vocales werden also die umgebenden laute doch
stets *i*- oder *u*-haltigen klang haben, also die erinnerung an
den vocal *i, u* stets wider dem hörer oder sprecher wach-
rufen. Ausserdem erfordern *i* und *u* grössere articulations-
bewegungen von der indifferenzlage aus gerechnet, und der
allgemeine satz, dass eine articulation sich um so stärker dem
sprachgefühle einpräge und in folge dessen um so weniger
leicht verändert oder in wegfall gebracht werde, je energischere
oder ausgedehntere tätigkeit des sprachorgans sie erfordert,
gilt auch hier.

Die zweite möglichkeit ist diese: Die *i*- und *u*-stämme
sind im indogerm. ursprünglich in überwiegender mehrzahl
oxytona gewesen, die *a*-stämme barytona. Wenn die
Beitr. IV, 538 anm. angedeutete auffassung der germ. accent-
verschiebung richtig ist, so musten die *i*- und *u*-stämme noch
längere zeit einen nebenton auf ihrem schlussvocal haben, der
den *a*-stämmen abgieng. Urgerm. **gástiz, *sáliz, *súniuz* verhalten sich zu **dágaz, *wórda(m)* etc. etwa wie serb. nom.
vódà zum acc. *vódu* (Masing, serb.-kroat. accent, vgl. auch

Beitr. IV, 526 anm.). Dann kann die frühere und consequen-
tere syncope der *a* nicht auffallen (vgl. namentlich auch
unten s. 121 f.).

Angenommen nun, dass wirklich alle germanischen
sprachen sämmtliche kurzen *a* der schlusssilben getilgt hätten,
dürfen wir aus diesem factum den schluss ziehen, dass sie
diesen act gemeinschaftlich vor ihrer trennung vollzogen haben?
Mit sicherheit gewis nicht. Ich brauche nur an das verhalten
des got.-nord. bezüglich des *i* zu erinnern. Auch dieses fehlt
ja (mit einer hernach zu erwähnenden ausnahme, über die
man leicht hinwegzugehen pflegt, den runenformen) in beiden,
und doch zeigte eine genauere untersuchung, dass das *i* im
nord. relativ sehr langen bestand hatte. Noch näher liegt das
beispiel des litauisch-lettischen. Wenn man hier bloss die
modernsten ausläufer vergleichen wollte, so könnte man als
gemeinsame endung der *a*-stämme im nom. sg. blosses -*s* erschliessen, aber man braucht nicht weit zurückzugehen, um
das scheinbar gemeinsam syncopierte *a* im lit. noch in vollem
umfange anzutreffen. Was hier bewiesen ist, dessen möglichkeit muss man doch von vornherein auch für die germanischen sprachen zugestehen, und das um so eher, als die
betreffende syncopierungserscheinung, wie eben gezeigt wurde,
von derartiger physiologischer beschaffenheit ist, dass sie unter
ähnlichen bedingungen in den verschiedensten sprachen mit
gröster leichtigkeit spontan auftreten kann.

Die besprochene möglichkeit gestaltet sich alsbald zur
gewisheit, wenn man ohne voreingenommenheit die sprach-
formen der ältesten nordischen runeninschriften durchmustert.
Es kommen hier besonders in betracht die inschrift des goldenen horns *ek hlewagastiʀ holtingaʀ horna tawido*, die des
steines von Tune *ek wiwaʀ after woduride witadahalaiban wo-
rahto runoʀ* und *arbinga singosteʀ arbingan oplingoʀ dohtriʀ
dalidun (afte)r woduride staina*, des von Varnum *ubar hite harabanaʀ (vi)t jah ek erilaʀ runoʀ waritu*, des von Berga *saligastiʀ*
und die des von Tanum *þrawingan haitinaʀ was*, über deren
deutung im einzelnen die bei Möbius in Kuhns zeitschr. XVIII,
153 ff. und XIX, 208 ff. angeführte literatur zu vergleichen
ist. Man hat sich in Deutschland vielfach daran gewöhnt,

dem urteil von Gislason (s. a. a. o.) folgend die hier hervor-
tretenden vocale der schlusssilben für 'epenthetische und para-
gogische hülfsvocale' zu erklären und sie dann mit gutem gewissen zu ignorieren, weil in späteren inschriften verwirrung
eintritt (so z. b. *i* für *a* auf dem Istabystein, der schon durch
die *a* der formen *runaʀ þaiaʀ* als jünger gekennzeichnet ist,
in der form *haeru wulaſiʀ* neben *haþuwulaſʀ*). Dem gegenüber
brauche ich nur auf die eingehenden auseinandersetzungen
über diese frage von Wimmer, Navneordenes böjning s. 40 ff.
(dessen frühere abhandlung, de ældste nordiske runeindskrifter,
in den Aarböger 1867, 1—64 ist mir im augenblick nicht zu-
gänglich) zu verweisen. Wimmer hat dort für jeden der
sehen will den vollgültigen beweis geliefert, dass eben so gut
wie die *i* in *hlewagastiʀ* und *saligastiʀ* noch die alten stamm-
auslaute von *gasti-* und *sali-* repräsentieren, deren teilweises
hineinreichen in weit spätere zeit wir oben aus anderen gründen folgerten, so auch die *a* der nominative *holtingaʀ, wiwaʀ,
harabanaʀ, erilaʀ* und der accusative *horna, staina* (und einiger
anderer hier nicht widerholter formen) alte thematische vocale
sind. Ein weiteres argument für diese auffassung bieten sodann die von Thomsen ausführlich behandelten germanischen
lehnwörter der Finnen und Lappen, welche die *a-, i-, u-*stämme
noch deutlich unterscheiden lassen. Namentlich rücksichtlich
der Lappen kann es kaum zweifelhaft sein, dass diese aus
einer schon specifisch nordischen sprache entlehnten, nicht
etwa aus einem gemeinsamen urgermanisch (Thomsen, s. 119
der übersetzung).

Wir constatieren also als ersten festen punkt: die erhaltung des thematischen *a* im nom. acc. sg. von
nominibus überdauerte die abzweigung des nordischen von den übrigen germanischen sprachen. Ich
spreche dabei absichtlich in so bedingter form, denn man
muss beachten, dass alle belegten formen lang- oder mehrsilbigen substantivis angehören und dass auch die ältesten inschriften bereits eine sicher gekürzte form bieten, das pronomen *ek*, welches für den repräsentanten der nordischen
entwickelung der kurzsilbigen wörter dienen könnte. Auch
kann man geltend machen, dass die westgerm. *ik* resp. *ih*
im vergleich mit nominalformen wie *weg* etc. die annahme

begünstigen, dass der wegfall des auslautenden vocales, der
jedenfalls ein *a* oder ein ihm nahestehender dunkler vocal war,
in die gemeinsame periode falle, obschon natürlich zu einem
stricten beweise dies argument nicht hinreicht (vgl. altn. *mik,
þik, sik* und ags. *mec, þec*). Aber es kann uns doch veranlassen, die frage zu stellen, ob nicht doch für einige fälle bereits gemeingermanischer schwund des *a* angenommen werden müsse.

Einen solchen fall bietet nun wol die verbalflexion der
1. person plur. des perfectums. Eine form wie *bitum*
ist doch aller wahrscheinlichkeit gemeingermanisch. Sie entstand, wie Brugman überzeugend nachgewiesen, zunächst aus
bi̱tm̱ mit '*m* sonans' (Brugman, nasalis sonans in der indog.
grundprache, in Curtius' Studien IX, 287 ff., speciell s. 327),
wie die 3. person *bitun* aus *bi̱tn̠*; weiterhin stehen diese formen für *(bi)bitmá* resp. *(bi)bitmé* [1]) und *(bi)bitn'(t)*; *m* sonans
tritt in der ersteren ein, sobald das *a* abfällt. Nun ist die
entwickelung einer nasalis oder liquida sonans zu *um, un, uń,
ur, ul* auf die gemeingermanische periode beschränkt (ihr haupt-
gebiet bilden bekanntlich die stammsilben der praeterita und
participia wie *bundum, bundans* etc.) Darauf beruht z. b. der
weiter unten genauer zu erörternde unterschied zwischen formen wie got. *bitun : rign*, altn. *bitu : regn*, ags. *biton : reʒn*, alts.
bitun : regan, ahd. *bizzun : regan*. Was hier vom *n* gilt, muss
doch auch für *m* gelten, d. h. jenes vorausgesetzte *bitm* muss
bereits gemeingermanisch vorhanden gewesen sein.[2]) — Diese

---

[1]) Man darf nicht etwa ein *bhibhidm'* als indog. ansetzen (dessen
endung *m̱* ja auch wol mit recht für die 1. sg. in anspruch genommen
wird, s. 120); dem widersprechen von seite des deutschen die zahlwörter
sibun, niun, taihun, welche für *sa'pm, na'vm', da'k'm̱'* stehen (Brugman s. 327) und deren ursprünglich auslautendes *m* sonans oder -*um* wie
das *m* von *tam, þam* in *n* verwandelt wurde (got. *þan-a* etc.). Uebrigens erklärt sich der ausfall des *t* in *sibun* erst jetzt durch Brugmans
hypothese (in folge des zusammentreffens von *þtm*).

[2]) In der 2. pl. got. *bunduþ* etc. beruht das *u* natürlich auf übertragung aus der 1. und 3. person. Auch diese übertragung scheint
gemeingermanisch gewesen zu sein, ein anzeichen mehr für den frühen
schwund des *a, e* in der ersten person.

-um, *-un* entziehen sich (der deutlichkeit zu liebe?) den späteren syncopierungsgesetzen.

Eine ähnliche entscheidung geben, wenn auch nicht mit gleich grosser wahrscheinlichkeit, die 2. sg. des imperativs und die 1. 3. sg. ind. des starken praeteritums. Auch hier haben wir als europäische endung unbetontes *-e* anzusetzen (wenn die Brugman-Paulsche auffassung, Beitr. IV, 464 richtig ist, welche das *a* in skr. *véda*, gr. *oĩδa* aus *m* sonans hervorgehen lässt, so muss für das germ. perfect eine angleichung der 1. an die 3. person angenommen werden; denn sonantisches *m* im auslaut hätte zu *-un* werden müssen, wie in got. *sibun, niun, taihun*, s. oben s. 119 anm. 1, oder das sonantische *n* in der 3. pl. perf. *bitun* etc.). Dass dieses *e* früher abfiel als das der endung *-ez*, *-iz* im nom. pl. einsilbiger consonantischer stämme (oben s. 111) oder das ursprünglich betonte *i* des loc. sg. derselben stämme (ags. *fêt, bêc, menn* für **manni* etc.) zeigt der durchgängige mangel des umlauts im altn. und ags., und die einsilbigkeit der kurzsilbigen imperativformen im westgermanischen (man sollte ja sonst **nimi* etc. erwarten). Insbesondere aber beweist wider, wie beim plural des praeteritums, die verschiedene behandlung des wortausganges bei nominibus und verbis im altnordischen. Während aus den nominalformen **bánda-m*, **gánga-z* im altn. *band, gang-r* wird, entwickeln sich **binde*, **(be)bánde*, **gánge* (**gégange*) zu *bitt, batt, gakk* (*gekk*) u. s. f. Dies lässt sich doch kaum anders auffassen als so, dass man annimmt, urnordisch bereits auslautende media sei zur tenuis geworden, die erst später in den auslaut tretende habe sich gehalten, ebenso wie z. b. urnordisch auslautendes *n* abfällt, später erst auslautendes bleibt (*bitu, nema: son, aptan* acc. etc.). Dass sich die erscheinung in irgend einer anderen weise, z. b. durch annahme einer reihe von formübertragungen oder schützender einwirkungen des 'systemzwanges' erklären liesse, halte ich nicht für wahrscheinlich. Man gerät bei jedem neuen versuche nur in immer weitere complicationen und unbegreiflichkeiten, während alles sich einfach ordnet, sobald man von der annahme ausgeht, dass das *a, e* jener verbalformen vor dem der nomina abgefallen sei.

Hieran schliessen sich sodann eine anzahl ursprünglich zweisilbiger adverbia und präpositionen an, wie *an* ═ gr.

ἀνά, af = gr. ἀπό, in = gr. ἐνί u. dgl. Ueber sie hat zuletzt
Paul, Beitr. IV, 468 ff. gehandelt. Ob alles dort vorgebrachte
richtig ist, mag ich hier nicht entscheiden; aber ich denke
die bemerkung über altn. á aus *ana* trifft zu, dass nämlich
diese form nach dem erwähnten auslautsgesetz für das vorhandensein einer germ. form *an* neben *ana* zeuge; dasselbe
darf man auch wol für altn. *af* neben ahd. *aba* = gr. ἀπό
behaupten; denn wäre die form direct auf germ. *aba zurückzuführen, so hätten wir eher ein *oƒ aus *oƀu erwarten
müssen. Was von *á* gilt, muss sodann auch auf altn. *i* zu-
treffen, d. h. wir müssen eine germ. grundform *in* ansetzen.
Diese scheint dem auslautsgesetze zu widersprechen, denn
griech. oxytoniertes ἐνί lässt westgerm. *ini erwarten. Ebenso streitet ahd. alts. *umbi*, ags. *ymbe*, altn. *umb*, *um* gegen dieses
gesetz; nach unserer fassung sollten die formen ahd. alts. *umb,
ags. *ymb*, altn. *ymb*, *ym* heissen (wie ahd. alts. *mann*, ags.
alts. *menn* aus *mannl), aber nur ags. *ymb* kommt wirklich
vor. Nord. *um* verlangt eine gemeingerm. form *umb*, eine
zweite form *umbi* wird durch die übrigen germ. sprachen gesichert. Welche doppelformen sollen nun diesen ursprünglich
zu grunde liegen? Einen erklärungsversuch will ich hier
wenigstens andeuten. Ich knüpfe dabei an die bemerkung
Pauls a. a. o. an, dass im ganzen die kürzeren worte als präpositionen, die längeren als adverbien gebraucht werden. Nun
sind jene worte, wie auch speciell die deutsche lautgestalt
beweist (vgl. z. b. inlautendes *b* = indog. *p* in *aba*, *oba*, s.
Verner bei Kuhn XXIII, 97 ff.) ursprünglich meist oxytona
gewesen. Wäre es nun undenkbar, dass sie als adverbia, wie
gewisse pronominalformen im ahd. (Beitr. IV, 536 anm. 3), die
oxytonierung über die kritische periode der vocalsyncopierungen hinaus bewahrt und dadurch ihren schlussvocal nicht
nur gemeingermanisch, sondern sogar innerhalb der einzelsprachen gerettet hätten? Dies erklärte die form *umbi*; denn
woher sollte eine form *umbī erschlossen werden, die nach
den gewöhnlichen auslautsregeln diesem ahd. alts. *umbi* zu
grunde liegen müsste? Als präpositionen aber verlieren jene
wörter durch die enklise regelrecht ihren accent, sie unterliegen also den auslautsgesetzen; *umbi* wird also germ. zu *umb*
(= altn. *umb*, *um*), wie *dô'mi*, *dô'si*, *dô'ði*, *dô'nði* zu germ.

dòm, dòs, dôð, *dôuð (oben s. 109); ebenso wird *ini zu *in*,
*miði zu *mid* [1]). Sollte diese erklärung sich nicht möglicher-
weise auch auf einzelne *a* ausdehnen lassen (freilich haben
wir auch griech. doppelformen wie *ává* und *ávω* etc.)? Wir
hätten dann ursprüngliche parallelen von adverbien und präpositionen in der urgerm. form *umbi : umb, abá : ab, aná : an,
ubá : ub, miði : *mið, forá : for, furi : fur* etc. Später wären
die unterschiede der beiden classen wider verwischt.[2]) Doch
möchte ich dies letztere für nicht mehr als eine hingeworfene
vermutung angesehen wissen.

Aus den bisher erörterten fällen dürfen wir wol den satz
abstrahieren: dass ursprünglich auslautendes unbetontes *a, e, i* (für *u* fehlen belege) bereits in der germanischen grundsprache abgefallen sei. Hiervon ausgenommen sind die voc. sg. der *a*-stämme, welche wenigstens im
nordischen das zeichen des germ. abfalles, die veränderung
der auslautenden consonanten, nicht zeigen. Es ist diese ausnahme übrigens durch den systemzwang leicht erklärlich.

Ganz anders stellt sich die behandlung des wortauslauten-
den *a*, um das gleich hier zu erledigen, im innern eines
compositums. Hier bleibt es gleich den *i* und *u* in der
germanischen grundsprache unangefochten. Die im gotischen
erst beginnende syncopierung (die beispiele s. bei den Alten-
burgern II, 2, 129 f. und J. Grimm, gr. II, 412 ff.) wird von
den Skandinaviern und Angelsachsen bis zur völligen tilgung
der *a* fortgesetzt (gr. II, 421 f.), bei den Deutschen, deren
neigung zur kürzung überhaupt erst später wirkt, treten noch
verschiedene *a* in der composition auf, aber unter dem einflusse des quantitätsgesetzes nur nach kurzer silbe (s. J. Grimm,

---

[1]) Man kann auch daran denken, dass die schlusssilben dieser
wörter ursprünglich mindestens in dritter silbe vom hochton ab gerechnet standen und daher nach den gesetzen mehrsilbiger wörter behandelt wurden, über die unten näheres folgt.

[2]) Man begreift unter dieser voraussetzung auch leichter die erhaltung des *a* gegenüber sonstigem nord.-westgerm. -*u* hier und in den
schwachen praeteritis, die offenbar starken nebenton hatten, wie nun
schon von verschiedenen seiten hervorgehoben ist. (Ob dieser nebenton
auch die anomalie der ahd. schwachen praeterita, oben s. 90, erklären
hilft?)

gr. II, 414, wenn man von den altfränkischen namen wie
hundoberctus u. dgl. absieht, die J. Grimm a. a. o. nebst einer
reichen beispielsammlung anführt (vgl. auch die nachträge
gr. II, 1006 f.). Im Heliand ist das *a* schon ziemlich erloschen,
wenn auch nicht so völlig wie J. Grimm gr. II, 420 f. an-
geben muste, da ihm der ganze text noch nicht vorlag; es
finden sich die composita *ala-* (oder *alo-*)*hêl, -huit, -iung,
-mahtig, -thioda, -uualdo, -uualtand* und *baralico* neben solchen
mit *al-* und *bar-*, s. Schmeller II, 5. 10; in den gl. Prud.
steht *dagethingo* 588.

Mit den ursprünglich auslautenden *a, e, i* ist wie ich
glaube die reihe der bereits im germanischen syncope erfah-
renden vocale zweisilbiger wörter erschöpft. Für den nom.
und acc. sg. der *a*-stämme stellen die nordischen runenformen
die sache ausser zweifel. Doch lassen sich auch von seite der
übrigen sprachen zeugnisse dafür beibringen, dass das gedeckte
a der nomina das ursprünglich auslautende überdauerte, nämlich aus den stämmen mit consonant + liquida oder nasal
vor dem *a* und aus den *ja*-stämmen. Was die ersteren anlangt, so handelt es sich um formen
wie ags. *næzl, fæðm, hræfn* u. s. w. aus *nazlaz, *faðmaz,
*hrabnaz verglichen mit solchen wie ags. *stapol, eoton* etc.,
altn. *nagl, faðmr, hrafn : stopull, jotunn* etc. Wie der erste teil
unserer untersuchung gezeigt hat, sind auch in den westgermanischen sprachen die wortreihen fast ebenso deutlich geschieden wie in den ostgermanischen sprachen. Die begründung dieses unterschiedes ruht darin, dass in der zweiten reihe
der liquida resp. dem nasal ein *u* vorausgieng, in der ersten
ein consonant. Wäre nun z. b. in *faðmaz, *hrabnaz das *a*
schon urgermanisch ausgefallen, so hätte *faðumz, *hrabunz
herauskommen müssen (wie *bitum, bitun* aus **bitma, bitn*), d. h.
altn.* *fọðmr*, * *hrofn*(**hrofunn?*), ags.* *feaðum*, * *hr(e)afon*, formen,
welche solchen wie *stapulz, * *etunzaus* *stapulaz etc. auf ein
haar ähnlich sehen. Nun scheint es mir doch undenkbar. beide
sprachen hätten alle die zahlreichen formen mit secundärem *u*, die
auf diese weise entstanden, durch die analogie der übrigen casus
wider ausgeglichen, ohne dabei jemals einen fehlgriff zu machen.
Allenfalls könnte man das noch für das ags. zugeben, in dessen

form enrahmen ein system wie *feaðum* gen. *fæðmes* etc. nicht
passte, aber für das nordische, das abwechselung von *a* und *ǫ*
im stamme massenhaft kennt und nicht im geringsten antastet,
wäre die annahme doch zu wunderbar. Wir müssen also die
syncope des *a* einer zeit zuschreiben, wo die *m, n, l, r* nicht
mehr so prägnantes *u*-timbro halten, dass sie als sonanten
mit notwendigkeit ein *u* vor sich entwickelten. Dass dieses
facultativ dennoch bisweilen auftritt, wie in ahd. *buosum, fadum,
dtum, aphul, snabul* u. dgl. neben entsprechenden formen mit *a*,
ist natürlich kein gegenbeweis.

Dies widerspricht nun freilich den ansichten, welche Paul,
Beitr. IV, 415 über gewisse entwickelungen der alten *as*-stämme
aufgestellt hat. Es soll nämlich ahd. *sigu*- und ähnliches durch
*sigur, *sigr auf älteres *sigz zurückgeführt werden, für
welches gemeingerm. ausfall des *a²* angenommen wird. Ich
halte dies für nicht richtig. Wenn man von ags. alts. *sidu*
absicht, das durch got. *sidus* wie Paul selbst bemerkt, aus der
gemeinschaft der übrigen ausgeschieden wird, so bleiben nur
die ahd. *sigu* und eventuell *hugu* als *u*-formen an stelle alter
as-stämme übrig. Sonst hat das westgerm., wo es sich nicht
der flexion der *ra*-stämme zugewant hat, nur *i*-formen an
deren stelle treten lassen (alts. *sigi, seli, heti*, ags. *siʒe, sele,
bete, bere, eʒe* etc.). Ein gemeingerm. nominativ *sigur liesse
doch auch für alts. ags. einmal die eine oder die andere *u*-
form erwarten. Ags. *siʒor* beweist auch eher das gegenteil
alz was es beweisen soll. Wäre das *o* hier = germ. *u*, so
müste es doch wol *seoʒor heissen, und altn. *sjǫgr, wie ags.
meoloc, altn. *mjǫ́lk, mjǫðr, kjǫlr,* es heisst aber eben dort *siʒor,*
hier *sigr.*[1]) Dann bleibt noch das gemeingerm. *fah-s-a-, das
zu gr. πέκος gestellt wird (Zimmer, nom.-suff. *a* und *d* s. 218);
aber der vocal stimmt nicht ohne weiteres (*fahs* steht vielmehr
auf der stufe von πόκο-ς), und ich kann es nicht für bewiesen
ansehen, dass die verkürzte form notwendig auf den nom. acc.
sg. zurückgehen müsse, dass nicht auch in den flectierten formen schon gelegentlich urgermanisch eine syncope des mittel-

---

[1]) Bei ags. *cofor*, ahd. *ebur*, altn. *jǫfurr* zu lat. *apro-*, ksl. *veprĭ*
denke ich an gemeingerm. svarabhaktientwickelung. Als zeugnis für
gemeingerm. syncope des gedeckten *a* wird man dies wort doch nicht
verwenden können.

vocals eintreten könnte, wie sie bei der flexion der abstufenden stämme auf -*an* und -*ar* sicher und in grösserer ausdehnung vorliegt. In seiner vereinzelung kann jedenfalls *fahs* nicht viel beweisen. — Wenn also ahd. *sigu* wirklich die von Paul angenommene entwickelung haben sollte, so könnte ich doch darin nur eine speciell ahd. bildung sehen, vergleichbar jenen vereinzelten *fadum, âtum* u. s. w. (oben s. 124), nur vielleicht älter als diese. Es ist ja möglich, sogar sehr wahrscheinlich, dass die ausfälle nach éinem consonanten früher eingetreten sind als die nach mehreren, wie man z. b. im litauischen zwar *pôns,* aber noch *tikras,* nicht *tikrs* spricht.

Einen weiteren grund gegen die annahme gemeingermanischer syncope des *a* entnehme ich der flexion der *ja*-stämme. Um hier alles klar zu legen, muss ich aber etwas weiter ausholen.

Es handelt sich um die erklärung der lautgruppen -*ji* und -*ei* in *harjis, hairdeis* und den entsprechenden verbalformen *nasjis, sôkeis;* über diese sind zu vergleichen Scherer, z. GDS. 113 f., Zimmer, zs. f. deutsches altert. XIX, 419. Amelung, ebenda XXI, 230 f., Osthoff, zs. f. vgl. sprachf. XXII, 89 f.

Scherer, dessen ansicht sich Zimmer und Amelung anschliessen, lässt bekanntlich *harjis* und *hairdeis* aus **harijas* und **hairdijas* durch syncope des *a* entstehen; die letzteren formen interpretieren Zimmer und Amelung a. a. o. gewis im sinne Scherers als *hárijàs, hairdìjas.* Dies setzt widerum die gültigkeit des mhd. tieftongesetzes voraus, welche ich für die germanische grundsprache zurückgewiesen zu haben glaube; ich kann nach den Beitr. IV, 522 ff. dargelegten grundsätzen nicht anders als annehmen, dass jene formen, die dreisilbigkeit vorausgesetzt, gleichmässig *hárijàs, hairdijàs* betont gewesen seien. Warum sollten beide nicht auch gleichmässig zu *harjis,* **hairdjis* entwickelt sein, wie ja die lautgruppe *ji* im gen. sg. ntr. in *reikjis, kunþjis* etc. oder in *fairnjin* etc. ungestört fortbesteht; oder warum sollte es nicht ebensogut **hareis* wie *hairdeis* heissen, nach analogie von *naveis* und *gasteis* aus **navijiz* und **gastijiz?*[1]) Hierzu kommt noch ein starkes phy-

---

[1]) -*iz* als endung ergibt sich aus ags. *fél,* altn. *fœtr* = **fótiz,* oben s.111.

siologisches bedenken, den angenommenen ausfall des vocales
a zwischen den consonanten *j* und *s* betreffend, das ich hier
indessen nicht zu sehr urgieren möchte, da die deshalb nötige
erörterung doch wenig beifall finden dürfte.

Noch weniger als mit dieser auffassung, die man wol
die vulgatansicht nennen könnte, und der man die anerken-
nung zugestehen muss, dass sie von ihrem standpunkt aus
consequent und folgerichtig vorgegangen ist, kann ich mich mit
der ansicht Osthoffs befreunden. Eine entwickelung von
* *hairdjas*, * *harjas* durch * *hairdjs* und * *harjs* zu * *hairdjis* und
harjis vermöge der entwickelung eines hülfsvocales aus den *j*
lässt sich zwar graphisch darstellen, aber nicht für die ge-
sprochene sprache glaubhaft machen. Fiel dies *a* nach dem
j wirklich aus, so muste dies nach den Lautphys. § 22 entwickelten gesetzen zum vocal *i* werden, wir bekämen nur
* *hairdis*, * *haris*. Wollte man zu der zuflucht greifen, das *j*
sei nicht halbvocal, sondern spirant, geräuschlaut gewesen, so
begriffe sich weder die entwickelung eines hülfs-*i*, noch dessen
contraction mit einem durchaus nicht homogenen laute. Der
einwand endlich, Scherers hypothese erfordere notwendig die
dativform * *hairdija*, hält nicht besser stich, da die entwickelung eines inlautenden *ija* zu *ja* durch *sôkja* und consorten
ausser zweifel steht.

Geben nun *harjis* und *hairdeis* als gemeingermanische
formen so vielfachen anstoss, so darf man billig fragen, ob sie
überhaupt einen anspruch auf dieses prädicat haben. Das
nordische spielt hierbei keine entscheidende rolle; seine formen
niðr, *hirðir* = got. *niþjis*, *hairdeis* verhalten sich lautlich
ebenso wie altn. *biðr*, *sækir* = got. *bidjis*, *sôkeis*; *hirðir*, *sækir*
aber sind durch analogieen wie *ástir*, *næmir* = got. *ansteis*,
nêmeis gerechtfertigt, deren *i* für die germanische zeit sicher
steht. Im nordischen hindert also kein lautgesetz, *hirðir* auf
jenes got. *hairdeis* direct zurückzuführen.

Ganz anders im westgermanischen. Das ältere angelsächsische, altsächsische und althochdeutsche weisen in den
kurzsilbigen schwachen verbis statt des got. *ji* stets nur *i*, *e*
ohne verschärfung des vorausgehenden consonanten auf. Man
vgl. z. b. aus dem alten kentischen psalter (ed. Stevenson,
London und Edinburgh 1844) *reces* 2, 9, *seleð* 7, 8 etc., *seles*

15, 10 etc., *cweceð* 7, 13, *ðeneð* 7, 13, *sites* 7, 4 etc., *swereð*
14, 4, *zesetes* 17, 44 etc., *sezeð* 18, 2 (vgl. J. Grimm, gr. I⁴,
822 f.); altsächs. *fremis, frumid, habis, habid, hugis, hugid,
letid, sagis, sagið, telid*; ahd. beispiele s. gr. I⁴, 788. ¹) Das *j*
ist hier überall in sehr früher zeit, nämlich vor dem eintritt
der consonantenverschärfung mit dem durch seine umlaut-
wirkung beim starken verbum als gemeingermanisch erwie-
senen *i* der verbalendung zum einfachen vocal verschmolzen.
Anders bei den nominibus. Hier haben wir nominative und
accusative wie ags. *hrycʒ, mecʒ, slecʒ, wecʒ, þrymm*, neutral
cynn, webb, bedd, nett, flett, altsächs. *hruggi*, ntr. *bed, flet(ti),
net(ti), stukki, kunni, webbi*, ahd. *hrukki*, ntr. *kunni, tenni, stukki,
giuuiggi, âuuiggi, stuppi, uueppi, betti, antlutti, nezzi, uuizzi* etc.;
ferner adjectiva wie ags. *nytt, gesibb*, alts. *middi, thriddi, luggi,
ahd. *luggi, fluggi, âuuiggi, sibbi, nuzzi*, also überall verschärfung des consonanten vor der endung. Ich denke, diese beweist ihrerseits, dass im westgermanischen vor dem schlussvocal noch ein *j* vorhanden war, und da die analogie des
verbums uns eben gezeigt hat, dass *ji* im westgerm. sich nicht
vertrugen, so muss der schlussvocal ein anderer als *i* gewesen
sein. Woher soll dieser fragliche vocal nun anders stammen
als aus dem thematischen *a*? Als letzte gemeingermanische
grundform der kurzsilbigen dürfen wir also nicht *harjis, kuni*,
sondern nur *harjǝz, *kunjǝ* ansetzen, wobei ǝ den nicht bestimmt zu fixierenden vocallaut bezeichnen mag, der sich unter
dem einfluss des *j* aus dem thematischen vocale *a*² allmählich
entwickelte. Aber auch für die langsilbigen müssen noch un-
verkürzte formen mit *ia* oder *iǝ* angesetzt werden. Denn hätte
die germ. grundform der neutra z. b. *riki* oder selbst *rikî* ge-
lautet, so hätte das *i* im ags. und altnord. ebenso abfallen
müssen wie in den imperativen ags. *sêc*, altn. *sœk* = got.
sôkei oder in den femininis ags. *bend, hæð*, altn. *heið-r* (mit
unursprünglichem *r*) = got. *bandi, haiþi*, worüber unten

---

¹) Im ahd. ist dies gesetz wie so manches andere früh durch die
lautverschiebung durchbrochen. Die form des inf., des plur. und conj.
praes. wird überall durchgeführt, wo zu starke verschiedenheit des lautes
hervorträte; also *sezzis, deckis*, wie *sazta*, nicht *sezzis, *dechis* etc. =
ags. *setes, þeces*.

näheres. [1]) — Durch analogiebildung kann keine der besprochenen formen erklärt werden, da nirgends ein typus ausser ihnen selbst besteht, an den sie sich hätten anlehnen können. Es besteht eine scharfe dreiteilung: kurz gebliebene *ja*-stämme mit *e* im nom. acc., *here* und das fremdwort *ele*, lang gewordene (durch consonantverschärfung) ohne vocalische endung, *hrycz*, *cynn*, alte langsilbige mit *e*: *hyrde*, *rice*.

Zu ähnlichen resultaten bezüglich der unursprünglichkeit der gotischen formen führt eine betrachtung des genitivus sing. der *ja*-stämme. Denn man muss, um *hairdeis* als gemeinsame form festzuhalten, zunächst zu der sehr bedenklichen annahme einer urgermanischen contraction von *ie* zu *ī* in paenultima greifen (während das *e* des genetivs sonst nicht zu *i* geworden ist, nicht umlautet), sodann aber wider sämmtliche westgerm. formen für neubildungen erklären (ags. *hyrdes*, *rices*, alts. *hirdies*, *rikies*, ahd. *hirtes*, *riches*). Nur das nord. *hirðis*, *rikis* schliesst sich wider leidlich an das got. an. Soll man da nicht lieber zugeben, dass das got. *hairdeis* seine entstehung erst der specifisch gotischen abneigung gegen den laut *e* verdankt, mit welcher sich vermutlich noch eine einwirkung vom nominativ aus verband? So kommen auch erst die neutra mit ihren überwiegenden genetiven auf *-jis*, nämlich *kunþjis*, *reikjis*, *fairgunjis*, *andbahtjis*, *valdufnjis*, *gavairþjis* neben *andbahteis*, *valdufneis*, *gavairþeis*, *trausteis*, *fauramaþleis* (s. die aufzählung bei Heyne, Ulf. § 23) zu ihrem rechte. Der

---

[1]) Einen weiteren beweis für die unursprünglichkeit des *i* im nom. der neutra gibt das altn. *hey* = got. *havi*. Wäre *havi* urgermanisch, so hätte das *i* im nord. nach kurzer silbe abfallen müssen ohne umlaut zu erzeugen. Urgerm. '*naviz* ergab regelrecht altn. *ná-r*, wie *favaz får* oder wie, um auch eine analogie für den inlaut zu geben, den verbis *haujan*, '*þraujan* = altn. *heyja* (ags. *hēʒan*), *þreyja* die praeterita *haviða*, '*þraviða* d. h. altn. *háða*, *þráða* regelrecht zur seite stehen. Altn. *hey* kann also nur für germ. '*hauja*, *haujo* stehen (vgl. lapp. *avje*, Thomson 131). Die analogie von *mær*, *þý* = urnord. *mavi-r*, *þivi* = got. *mavi*, *þivi* darf man dagegen nicht anführen, denn diesen formen kommt, wie sich später ergeben wird, wirklich germ. *-i* als endung zu. Aber die flexion *mær*, *meyjar* kann uns davor warnen, vorschnell den nom. acc. *hey* etwa als analogiebildung zu den übrigen casus aufzufassen.

mangel einer ähnlich lautenden nominativform half hier die
älteren formen erhalten.

Also: das *i* in got. *harjis* ist ein rest des thematischen *a*,
nicht aus dem ableitenden *i* oder *j* hervorgegangen, sondern
nur in seiner färbung durch diese bedingt. Derselbe rest steckt
auch in *hairdeis*, das wir zunächst in ein vorausgegaugenes
dreisilbiges *herðiiz* oder *herðijiz* aufzulösen haben, dessen
behandlung vollkommen der von *naveis, ansteis* entspricht
(s. 125). Got. *naveis* ist besonders willkommen als beleg dafür, dass die contraction nichts mit der quantität oder einem
davon abhängigen accentgesetz zu tun hat, was wir ja schon
oben ablehnen musten. Für die sprache ist es ja auch ziemlich einerlei, welcher von zwei gleichen contrahierten vocalen
den accent hatte; ich brauche da wol nur an die allbekannten
schulregeln der griech. grammatik zu erinnern.

Der unterschied der kurz- und langsilbigen *ja*-stämme beruht also lediglich darauf, und das hat Scherer richtig heraus
erkannt, wenn auch meiner ansicht nach nicht richtig begründet,
dass die ersteren consonantisches *j*, die letzteren vocalisches,
d. h. silbenbildendes, *i* in ihrem suffixe hatten.

Aber woher nun diese unterscheidung, wenn sie nicht von
dem tieftongesetz abhängen kann? Ein früheres, gemeingerma-
nisches bestehen dieses gesetzes in der Lachmann'schen fassung
und eine spätere völlige umkehr speciell im westgermanischen
wird man doch nicht ohne weiteres conjicieren wollen. Worauf
sollte man sich dabei stützen? Wir werden also weiter zurück
gehen und uns an die indogermanische grundsprache
halten müssen.

Wenn man den untersuchungen von Benfey (Abhandl. der
Götting. gesellsch. der wiss. XVI (1871) 91 ff.) trauen dürfte,
so würde im veda das suffix *ia* sowol ein- als zweisilbig promiscue gebraucht. Sieht man aber genauer zu, so ergibt sich
als ganz bestimmtes gesetz: unbetontes (nicht svari-
tiertes) *i* oder *u* vor einem vocal ist consonant nach
kurzer, vocal nach langer silbe ohne rücksicht auf
die sonstige accentlage des wortes. Man vergleiche
beispiele wie:

ajuryá :	asûriá	ávya :	mártia
aryá	kâviá	-búdhya	ayáaia
anisbavyá	taugriá	-avadhya	árdhia
kavyá	pûrviá	ibhya	açmásia
gavyá	bhâviá	gávya	àçvia
divyá	açásiá	mádhya	aria

u. s. w. [1]) Ausgenommen sind die mit einem consonanten anlautenden suffixe, wie -bhyas, -bhyām, -tva, insofern diese (wie
wortanlautende consonanten + y, v überhaupt) nach langer silbe
promiscue gebraucht werden (nach kurzer nur mit consonan-
tischem y, v, d. h. einsilbig); ferner gewisse kurzsilbige adjectiva, speciell verbaladjectiva (Grassmanns Part. IV) mit
zweisilbigem suffix: gádhia, gúhia, gopayátia, carkr̥'tia, tújia,
dábhia, dr̥'çia (mádia, yújia?), çásia, çrútia, hávia (während
z. b. das suffix der sog. ya-classe oder des passivs der
regel folgt).

Dieselben gesetze hat nun, wie ich mitteilen darf, neuer-
lich Hübschmann von anderen gesichtspunkten ausgehend
für das altbaktrische constatiert, so dass nun bereits drei
sprachen gegenseitig als zeugen für das hohe alter der erscheinung aufgerufen werden können. In den übrigen sprachen
scheint sich der alte unterschied frühzeitig ausgeglichen zu
haben, wenigstens zeigt keine derselben eine derartig augenfällige durchführung des gesetzes wie die drei genannten.
Aber es wird ohne zweifel gelingen, in einzelheiten noch reste
der regel aufzufinden. Auf einen solchen möchte ich die auf-
merksamkeit noch hinlenken, ich meine die griech. adjectiva

---

[1]) Die belege s. bei Grassmann. Ich muss es mir hier versagen,
den nachweis für obigen satz in extenso zu führen oder die vorkommen-
den regelmässigen ausnahmen und die verstösse gegen denselben, welche
zum teil nicht unwichtige kriterien für die altersbestimmung vedischer
lieder sind, zu erörtern. Hier sei nur noch bemerkt, dass jener satz nur
ein glied eines weitgreifenden rhythmischen gesetzes insbesondere über
das verhältnis der vocale i, u und der halbvocale y, v im ältesten sanskrit resp. indogermanischen sind, für dessen darstellung das material
bereits vor jahren von mir gesammelt ist. Nicht nur der metrik, sondern auch der specialgrammatik erwächst aus der genauern verfolgung
dieser principien nutzen. Es ergibt sich z. b. dass die dehnungen vor
r + cons. der lebendigen vedensprache noch fremd waren, dass ûr,
ir stets durch r̥ hindurchgegangen sind, u. dgl. mehr.

ἅγιος und στύγιος, die sich zu ἅζομαι d. h. *αγjομαι und ähnlichen genau so verhalten wie die skr. verbaladjectiva zu den entsprechenden verbis.

Am allgemeinsten kann man das hier aufgedeckte gesetz vielleicht so formulieren: der vocal einer ableitungssilbe ist und bleibt schwerer nach vorausgehender länge als nach vorausgehender kürze (daher bleiben *ia*, *ua* im ersten falle zweisilbig, im zweiten werden sie einsilbig). Man darf daraus weiterhin den satz ableiten, dass andere vocale als *v*, *i* in der stellung nach kürzen leichter der schwächung und syncope anheimgefallen sein werden, als in der nach längen. Man muss dies im auge behalten, um das deutsche schwache verbum zu verstehen. Ags. *peccan* : *sêcan* und die entsprechenden formen der übrigen sprachen setzen bereits gemeingerm. *þakjan*, **sôkian* voraus. Die vorstufen *-ejan* (aus *-aᵢja²n*), *-ijan* müssen sich also bereits in sehr früher zeit im germanischen unter dem einflusse unseres gesetzes zu *-jan* und *-ijan*, *-ian* gespalten haben. Dadurch trat der parallelismus mit den altüberlieferten suffixformen *-ja-* und *-ia-* beim nomen ein, und nun erfolgt natürlich bei beiden gleichartige entwickelung. Warum eine analoge verkürzung bei kurzsilbigen *i*-stämmen im nom. pl. nicht eingetreten ist (got. *naveis*, altn. *salir*, ags. *wine*, alts. ahd. *wini* aus **navêjez*, **navijiz* etc.), mag einstweilen dahingestellt bleiben. Hält man die imperativi *nasei*, *sôkei* dazu, so möchte man fast an eine einwirkung der ursprünglichen viersilbigkeit der verbalformen gegenüber diesen dreisilbigen denken.

Man sieht ohne weiteres, dass unsere allgemeine formulierung des gesetzes im wesentlichen mit dem syncopierungsgesetze des nordischen übereinstimmt, aber dem westgermanischen schnurstracks widerspricht. Beide principien musten notwendig in widerstreit treten, und in der tat hat schliesslich das westgerm. kürzungsprincip den sieg davon getragen. Das *i* des langsilbigen st. **rîkia-* ist im ags. *rîcu*, *rîcum* etc. geschwunden, das *j* des kurzsilbigen **harja* hat sich erhalten in *heriʒea(s)*, *heriʒum* etc.; ebenso *sêcan*[1]), *bêtan*, aber *feriʒean*, *neriʒean* u. dgl. Man darf aber daraus nicht schliessen, dass

---

[1]) In *sêcean* und ähnlichen formen bezeichnet das *e* nur die palatale aussprache des *k*, wie in *sceolde* u. s. w.

nun etwa das got.-nord. unterscheidungsprincip, das wir eben als ein gemeinsam indogermanisches nachzuweisen versuchten, doch nur ein speciell ostgermanisches gewesen sei, dass die Westgermanen ihrerseits von anfang an unabhängig von einem noch undifferenzierten *ja* oder *ia* ausgegangen seien. Vielmehr lässt sich die relativ lange geltung der got.-nord. regel auch im westgerm. deutlich nachweisen, zwar nicht am ahd. und alts., die bis auf wenige spuren (alts. *bed, flet, net* neben *fletti, netti* und *kunni, uuebbi* u. s. w. u. ä.) den unterschied zwischen beiden classen so frühzeitig verwischt haben, dass wir den verlauf der betreffenden entwickelung nicht mehr überblicken können, aber sehr deutlich am angelsächsischen.

Hier sind es zwei casus, welche uns den weg zeigen, nom. acc. sg. der masc. und neutra und nom. acc. pl. der neutra. Ueber den ersteren ist bereits gelegentlich oben s. 128 das notwendigste angedeutet worden. Ich widerhole hier, dass folgende entwickelungsreihe anzusetzen ist:

urgerm. **hruzjəz* : **hryzjə*, **hrycʒə, hrycʒ*

     *kunjə :   **kynjə*, **kynnə, cynn*

     *herðiəz :   **herdiə*,   *hyrdi, -e*

     *rîkiə :   **rîkiə*,   *rîci, -e.*

Wir befinden uns dabei in vollkommener übereinstimmung mit den ags. auslautsgesetzen, welche schliesslichen abfall des *ə* oder *a* verlangen. Ein anderer weg der erklärung bleibt zwar für das masc. *hyrde* offen. Wenn man trotz allem was bisher vorgebracht ist, an der grundform **herðīz* stehen bleiben wollte, so könnte man sich auf die lautliche analogie von *mahteis* : ags. *mihte* berufen. Das trifft aber nicht zu für die neutra (und den acc. sg. m.), deren themavocal nicht mehr durch einen consonanten gedeckt war. Für solche fälle lautet die entwickelungsreihe vielmehr:

got.-urgerm. *nasei* : urags. *neri* : ags. *nere*

       sôkei :   „   **sœki* :   „   *sœc, sêc*

urgerm. *bandī* :   „   **bendi* :   „   *bend* [1])

     (got. *bandi*).

Es stehen hier die bereits im urags. verkürzten *i* bezüg-

---

[1]) Ueber die unmöglichkeit, diese form anders als aus *bandī* abzuleiten, etwa aus **bandja, *bandju* s. weiter unten.

lich des spätern abfalles unter genau demselben gesetze wie
die ursprünglichen kürzen, nicht minder die aus germ. *ô* westgerm. gekürzten *o, u.* Die letztere erscheinung ist allgemein
bekannt, doch erfordert sie hier ein etwas ausführlicheres ein-
gehen, da sie zu erklärung der plurale der langsilbigen *ja*-
neutra wie *rîcu* allein den schlüssel gibt.

Es darf jetzt wol als allgemein anerkannt gelten, dass
ursprüngliches *â* auch am wortende sich germ. zu *ô* umge-
staltete. Dieses *ô* spaltet sich später in gekürztes *a* einer- und
o, u andrerseits, was die vermutung nahe legt, dass möglicherweise das urgermanische zwei verschiedene *ô*, ein offenes
ô[2] und ein geschlossenes *ô*[1] (nach nordischer bezeichnung *ǫ́*
und *ó*) unterschied. Das got. hat, wo überhaupt gekürzt
wurde, den unterschied aufgehoben, in den übrigen sprachen
erscheint *ǫ́* als *a* oder dessen schwächung *e*, aber *ó* als *o, u,*
welches, wie bemerkt, je nach der quantität der stammsilbe
verschiedene spätere schicksale hat. Es kommen für *ô*[1] in
betracht 1) der nom. sg. f. der *â*-stämme, 2) der nom. acc. pl.
der neutralen *a*-stämme, 3) die 1. sg. ind. praes. der verba
auf -*a* und *ja.* Betrachten wir deren entwickelung im ags.
zunächst mit ausschluss der *ja*-stämme, so ergibt sich folgende tabelle:

	kurzsilbige:		langsilbige:		mehrsilbige:	
	urags.	ags.	urags.	ags.	urags.	ags.
1	ʒebo	ʒifu	lâro	lâr	firino	firen
	ʒlado	ʒladu	ʒôdo	ʒôd	strenʒiþo	strenʒþu
					hâleʒo	hâliʒu
2	fato	fatu	wordo	word	heáƀodo	heáfdu
	ʒlado	ʒladu	ʒôdo	ʒôd	hâleʒo	hâliʒu
3	nemo	nimu[1]	bindo	bindu[1]	—	—

Hier haben wir, wie allgemein bekannt, erhaltung des *u* in
zweiter silbe nach kürze oder in dritter silbe ohne rücksicht
auf die quantität der stammsilbe, ausfall in zweiter silbe nach
länge. Nur das verbum *bindu* und die feminina wie *firen*
machen eine ausnahme; man sollte *ƀind, firenu* erwarten. Hier
liegen bestimmt wider analogiewirkungen vor; besonders im

---

[1] Dies oder *nimo, bindo* sind die einzigen altags. formen im kentischen (Stevensons psalter) und northumbrischen; nur das westsächsische
hat *e* eintreten lassen, doch steht noch in der Cura past. 397, 27 *ic*
cweðo, Sweet XXXIII. Zur beurteilung vgl. Paul, Beitr. IV, 451.

verbum können sie um so weniger bedenken erregen, als ja
der ganze bau des verbums, in beziehung auf tempusbildung
wie flexionsendungen, voll davon ist. Auch das ahd. und alts.
haben ja hier wie im plural des praeteritums das *u* überall
erhalten, während das pomen im alts. noch der regel folgt
(*fatu : uuord*), soweit nicht andere einwirkungen das *u* verdrängt haben (ersetzung des nom. durch acc. *geƀa* etc.). Was
die mehrsilbigen feminina betrifft, so haben bekanntlich die
abstracta auf -*þu* die der regel entsprechende form noch
grossenteils bewahrt, formen wie *strenʒþ* aus *strenʒþu* [1]) sind
wol sicher als anlehnungen an die langsilbigen zu betrachten,
die nach der syncope des inneren *i* unausbleiblich waren (vgl.
dazu Beitr. I, 500 f.). Dasselbe gilt auch von den übrigen
femininis wie *firen* u. s. f. Auch die mehrsilbigen neutra und
der nom. sg. f. der adjectiva verlieren ja mit der zeit, und
zwar eher als die entsprechenden formen der kurzsilbigen, ihr
auslautendes *u*, ein satz, den ich hier freilich nicht mehr ins
einzelne beweisen kann, so interessant eine genauere ausfüh-
rung desselben sein würde.

Als grund der andersartigen behandlung des *u* der mehrsilbigen dürfen wir wol die einwirkung des nebentones ansehen, der regelmässig das *u* traf: *strénʒiþù, heáƀodù, mániʒù*
etc., s. Beitr. IV, 529 ff. [2])

Bei den *ja*-stämmen haben wir nun folgendes verhältnis:

	kurzsilbige:			langsilbige.	
	got.	ags.		got.	ags.
1	sibja	sibb		háiþi	hæþ
	midja	?		vilþi	wildu
2	kunja	cynn		reikja	rícu
	midja	?		vilþja	wildu
[3	nasja	neriu		sôkja	sǽcu]

---

[1]) Ich bemerke beiläufig, dass das *þ* hier phonetisch, als tonloser
spirant, gemeint ist. Die tonlosigkeit des inlautenden ags. *þ* bis über
die zeit der syncope der mittelvocale hinaus lehren formen wie *ʒesyntu,
ʒescentu, ofermêttu* etc. — ahd. *gasuntida* etc., welche die stufen *ʒesyn-
diþu, *ʒesyndþu, *ʒesyntþu* voraussetzen (vgl. *þætte* aus *þæt þe*), s. auch
Beitr. I, 501, anm. 2.

[2]) Diese ansicht wird namentlich auch durch eine ausnahme von
der gewöhnlichen regel bekräftigt: die mit -*lic* (und -*sum*) zusammen-
gesetzten adjectiva bewahren bekanntlich das *u*: *dryhtlicu, langsumu* etc.,

Das verbum ist aus dem bekannten grunde wider auszuschliessen. Dann bleibt die bekannte regel, dass die langsilbig gewordenen das *u* abwerfen, die von jeher langsilbig gewesenen es behalten. Das ist nun absolut nicht zu begreifen, wenn man nicht diese erscheinung mit der zuletzt besprochenen und dem früher für das germ. nachgewiesenen satz über den eintritt des *i* nach langer silbe combiniert und davon ausgeht, dass die formen mit erhaltenem *u* zur zeit der wirkung der syncopierungsgesetze noch dreisilbig waren. Dann aber bekommen wir die ganz parallelen reihen:

*ᵒsibjo, ᵒsibbu, sibb	} *ᵒwordo, ᵒwordu, word
*ᵒkynjo, ᵒkynnu, cynn	
*ᵒstrénȝĺþó, -ù, strenȝþu	} *rí′kið, *rí′kiù, ríeu.
*ᵒheábodð, -ù, heáfdu	

Die entwickelung von *rîcu* aus *ᵒríkiu* ist weiter nicht auffallend, wenn man im auge behält, dass dass das westgerm. syncopierungsgesetz das *i* nach langer silbe bald zum *j* erleichtern und dann ganz verschwinden lassen muste.

Im altsächsischen ist, um auch das mit einem worte zu berühren, das ursprüngliche verhältnis nur noch bei den substantivischen neutris rein bewahrt, *fatu : word*; von ja-stämmen findet sich nur vereinzelt *nettiu* Hel. 1186 M (*netti* C), sonst nur *i*; von adjectiven kommt vor *managu, minu, bêthiu*, daneben häufiger formen ohne *u* (nur nicht bei *bêthiu*) oder solche auf -*a*, das aus dem masc.-fem. übertragen ist, s. Heyne, alts. gr. s. 86. Der nom. sg. der feminina hat im adj. sein *u* stets verloren, im subst. ist er, wie allgemein zugestanden, durch den acc. ersetzt. Das verbum endlich hat wie im ags. das *u* auch bei langsilbigen gewahrt. Im althochdeutschen endlich ist auch der unterschied der zwischen alts. *fatu* und *word* noch bestand, ausgeglichen; es bleiben die *u* nur, verallgemeinert, im verbum, und hie und da in der neutralen ja-declination, ebenfalls ohne rücksicht auf die quantität: *bettiu, giscuohiu* (s. Müllenhoff, Denkm.² XV). Ueber die adjectivformen *blint, blintu, blintiu* s. Braune, Beitr. II, 164. Ab-

offenbar weil man *drýhtlicù* betonte; vgl. hierzu Beitr. IV, 537, wo das über die neuags. umbildungen gesagte entsprechend zu modificieren ist.

weichend vom ags. haben aber alts. und ahd. noch einen u-
casus mit verallgemeinertem u, den instrumental, dem im ags.
eine form auf -e gegenübersteht, die ihm nicht lautlich entsprechen kann, zumal ältere formen auf -a daneben vorkommen.
Ich hoffe später einmal zeigen zu können, dass in dem westgerm. sogenannten instrumental zwei casus zusammengefallen
sind, der ablativ (welchen Paul allein darin findet, Beitr. II,
339 ff.) und ein instrumental, der ursprünglich mit dem m-suffix
gebildet war, dessen Paul, Beitr. IV, 391 erwähnung tut. Die
form des letzteren repräsentiert das ags. -e, die des ersteren
das alts.-ahd. -u.

2. Excurs über die feminina auf urgerm. î.

Der nachweis des vocalischen i bei langsilbigen ja-stämmen lässt sich nun noch zu einigen weiteren folgerungen benutzen. Wir lernen z. b. daraus, dass got. *bandi* oder vielmehr dessen vorstufe *bundi* auch für das westgermanische
als grundform angesetzt werden muss [1]); denn *bandiô, -o aus
*bandiâ hätte zu *bendu werden müssen, wie *rikiâ zu *ricu,
oder wie es im weiblichen adjectiv heisst *wildu, das gegenüber dem got. vilþi jedenfalls auf ein früheres, sei es ursprüngliches oder angeglichenes *vilþiô, -io zurückgeht.

Ich bin hiermit auf einen in der letzten zeit viel bestrit-
tenen gegenstand gekommen, die entwickelung eines î in germ-
manischen aus ia oder ja. Da die frage wie mir scheint, mit
dem accent zusammenhängt, so gestatte ich mir hier excurs-
weise auf einige punkte derselben einzugehen und ohne jetzt
im stande zu sein, eine definitivere entscheidung zu geben,
einige gesichtspunkte hervorzuheben, die man, wie ich glaube,
nicht genügend gewürdigt hat. Ich verweise dabei, namentlich auch hinsichtlich des materiales, im allgemeinen auf die
erörterungen von Scherer, z. GDS. 117 f. 431, J. Schmidt, ver-
wantschaftsverh. 6 f., Zs. f. vergl. sprachf. XIX, 293 ff.,

---

[1]) Für das nordische beweist sie z. b. *mær* d. h. *mavî, -i + r, in
seinem gegensatz zu *hey* d. h. germ. *hauja* etc., oben s. 128 anm. Das
r kann die gestalt des vocals nicht bedingt haben, vgl. *þeyr* =
*þaujaz u. ä.

Schlüter, suffix *ja* 118 ff., Zimmer, ostgerm. und westgerm. 26.
28 ff., Leskien, Decl. im slav.-lit. und germ. 8—12. 93 ff., die
ich als bekannt voraussetze, um unnötige widerholungen zu
vermeiden.

Auszuschliessen sind von der untersuchung die gemeingermanischen *î* in got. *ansteis* aus **anstejez*, da in diesen auf
keinen fall contraction aus *-ja* vorliegt; ebenso die der imperative got. *nasei*, *sôkei*, von denen wol das gleiche gilt; endlich
die von got. *hairdeis* etc., weil hier specielle, abweichende lautgesetze in frage kommen. Ich schliesse ferner aus die *î* in den
suffixen *-iga-*, *-îni*, got. *mahteigs*, *daupeins*, über die ich nichts
anderes vorzubringen weiss als dass sie sicher gemeingermanisch sind, und die *î* der optative, got. *bêreis*, *bêri* etc., weil
über diese eine untersuchung von Osthoff zu erwarten steht;
so beschränkt sich die folgende darlegung auf die femininin-
bildungen mit *î*, d. h. solche wie got. *bandi* und *managei*.

Es wird geraten sein die untersuchung nicht bei den germ.
sprachen zu beginnen, wie man meist getan hat, sondern erst
den tatbestand der übrigen sprachen zu constatieren.

Im sanskrit finden wir feminina auf *-yâ* und *-î* im nom.
neben einander. Die ersteren sind bekanntlich feminina zu
ja-stämmen (das suffix ist also nicht eigentlich *-jâ*, *-iâ*); das *-î*
aber bildet als selbständiges suffix feminina zu consonantischen, *a-*, *i-* und *u*-stämmen (Misteli, Zs. f. vgl. sprachf. XVII,
161 ff., wo auch weitere literatur verzeichnet ist). Es erscheint
also vornehmlich, um von einzelnen worten abzusehen, bei den
stämmen auf *-as*, *-vas*, *-ant*, *-an*, *-tar*, *-u* als regelmässige be-
gleiterin; so im comparativ *návîyas* : *návîyasî*, beim participium
vidvá'n : *vidúshî*, *tudán* : *tudatî'*, bei den nom. agentis *rá'jan*
: *rá'jñî*, *jánitar* : *jánitrî*, bei den *u*-adjectivis *svâdú* : *svâdvî'*.
Insbesondere bildet es auch abstracta aus *a*-stämmen, wie
árushî morgenröte, zu *arushá* rot, *távishî* stärke, zu *tavishá* stark,
tapaní' glut, zu *tápana* brennend etc. Die singularcasus haben
-jâ-, *-iâ-* je nach der quantität der vorausgehenden silbe (gen.
-yâs, dat. *-yâi* etc.), nur der acc. hat *-îm* analog dem nom. —
Das *î* hatte ursprünglich stets den ton; dies geht u. a. daraus
hervor, dass abstufende suffixe vor ihm stets in schwacher
form erscheinen (Verner, Zs. f. vgl. sprachf. XXIII, 120 ff.).

Ebenso liegen die verhältnisse im zend. Im litauischen

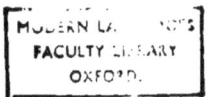

treffen wir -*i* als femininendung 1) in den einzelnen worten
pati, marti, vëszni; 2) in den pronominibus *ji, szi, kuri*; 3) in
den participien *duganti, dugusi*, 4) in den adjectiv. *u*-stämmen
kartus : karti; ebenso im lettischen, Leskien s. 11; es fehlen also
von den hauptclassen der comparativ, der wegen seiner ganz
abweichenden bildung (*gerésnis, gerésné*) gar nicht verglichen
werden kann, und die ebenfalls lit. ausgestorbenen movierten
feminina der nomina agentis auf -*an* und -*tar*.

Im slavischen haben wir, von einzelnen worten auf -*iji*
abgesehen, die endung *i* (d. h. *i*) 1) im pron. *si* = lit. *szi*; 2) in
den participien *pekąšti, pekůši*, 3) im comparativ *dobrějīši*,
4) in den movierten femininis, *bogyni*; es fehlen die adjectivischen *u*-stämme und die feminina zu *tar*, welches ganz zur
ja-declination übergetreten ist (*dateljī* etc.; feminina fehlen,
Leskien s. 94). Im acc. erscheint lituslavisch *iām* als grundform: lit. *dugancziç*, slav. *pekąštą*.

Das lateinische hat die doppelbildung nicht, da es seine
consonantischen stämme im femininum nicht verändert und
die *u*-stämme in die *i*-declination übergeführt hat. Abstracta
auf *ia* wie *gloria, duritia* u. s. w.; doch halte man st. *vic-tri-ci*
zu *vic-tor* etc.

Das griechische kennt keine endung -*ī*, hat aber die
doppelbildung, indem dem skr. *i* stets *iă* resp. -*ă* mit modifi-
cation vorausgehender laute entspricht, dem skr. -*yă* aber *iā*.
Wir finden das kurze *a* z. b. in den participien, φέρουσα, εἰ-
δῦϊα, in den nominibus agentis wie τέκταινα, σώτειρα, bei den
u-stämmen ἡδῦϊα, βασίλεια, bei einzelnen adjectivis wie πίων
πίειρα = skr. *pí'van, pí'vari, μέλας μέλαινα*; es fehlt der comparativ, welcher die distinction des femininums vom masc. auf-
gegeben hat; abstracta auf -*iā*, σοφία zu σοφός.

Im germanischen endlich erscheint ein *i* 1) im pronomen got. *si* aus *sî*, 2) im femininum langsilbiger *ja*-stämme,
got. *haipi,* altn. *heiðr*, vom acc. *bandja* wie im lituslavischen
unterschieden; 3) mit schwacher flexion im comparativ, *blin-
dôzei* altn. *blindri*, und participium praes. got. *gibandei*, altn.
gefandi, 4) ebenfalls in schwacher flexion in abstractis, die zu
allen arten von adjectivstämmen gehören, wie got. *managei*.
Das part. perf. ist bis auf das uns gleichgültige *bêrusjôs* geschwunden; movierte feminina sind im got. nicht belegt, nur

*frijôndi ist aus *frijôndjôs* Luc. 15, 9 zu erschliessen, im nordischen sind sie zur schwachen declination übergetreten, *ásynja,
apynja*¹) u. s. w. Ueberhaupt ist die ganze unterscheidung wie
man gewöhnlich annimmt dem ostgermanischen eigentümlich;
nur die abstracta greifen deutlich auch in das westgermanische hinein, ahd. *menigî*.

Hiernach muss die doppelheit der bildung als indogermanisches eigentum beansprucht werden, und ich kann nicht umhin dasselbe auch für die specielle form der zweiten, den
nom. sg. auf -*î*, zu tun. Wäre das griechische nicht, so würden
dieser behauptung überhaupt kaum ernstlich schwerwiegende
gründe gegenüberstehen. So aber stehen wir vor dem dilemma:
entweder lautete der nominativ indog. -*iâ* und das griechische
hat das relativ ursprünglichere bewahrt: dann bleibt nicht nur
die verkürzung des α im griechischen rätselhaft, sondern man
muss es auch für einen zufall erklären, dass fünf sprach-
stämme, indisch, iranisch, slavisch, litauisch, deutsch auf dieselbe contraction des *iâ* zu *î* verfallen wären, die sonst lautgesetzlich für jede einzelne nicht begründet werden kann²);
oder der nom. lautete indog. bereits -*î*, dann bleibt zwar das
griech. *ă* obenso unerklärt wie im ersten falle, aber die übrigen schwierigkeiten fallen fort. Kann es zweifelhaft sein, dass
man sich billiger weise für die letztere ansicht zu entscheiden hat?

Man wird hiergegen einwenden, wie es schon Leskien getan hat, dass sich keineswegs völlige formengleichheit finde
und dass sich auch die einzelnen kategorieen nicht völlig
decken. So soll nach Leskien slav. *pekąšti* aus *pekątja* entstanden sein, wegen des *št*; ich sehe aber keine schwierigkeit
darin, das *št* des nom. für übertragen aus den übrigen casus
zu halten; gegen Leskiens deutung aus -*ĳi* spricht deutlich
das lit. -*ti*, für welches auch, wie für das slavische, erst ein
besonderes lautgesetz, nämlich die wandlung von -*jâ* in -*î*, angenommen werden muss. Sodann nimmt Leskien daran an-

---

¹) Doch *hlóðyn, sigyn, foldyn, Fjǫrgyn, Bjǫrgyn* etc., J. Grimm,
gr. II⁴, 167.

²) Speciell ist dabei wider die scheidung des nom. und acc. im lit.-
slav. und germ. zu urgieren: *pati pàczę; pekąšti pekąšią, bandi bandja.*

stoss, dass im germ. der eintritt des *i* (natürlich abgesehen von den in schwacher flexion erscheinenden *i*) durch das gesetz geregelt ist, dass eine lange oder mehrere silben vorhergehen müssen, wovon im slavisch-litauischen sich keine spur zeigt. Aber die übereinstimmung im pronomen, participium und comparativ kann doch Leskien nicht ableugnen, und wir werden später sehen, dass die umsetzung der alten regel in die neue ihre guten erklärungsgründe hat.

Andere schwierigkeiten hat man aus dem formenbestande des deutschen herbeigezogen, namentlich fällt der mangel ohne weiteres ersichtlicher *i*-bildungen im westgermanischen auf, und das einzige augenfällige beispiel, die abstracta auf got. -*ei*, ist von Scherer u. a. geradezu für eine specialbildung der einzelsprachen erklärt worden. Sehen wir etwas genauer zu wie die sachen stehen.

Zunächst glaube ich für das ursprüngliche vorhandensein der *i*-formen auch im westgermanischen einige zeugnisse beibringen zu können. Voran steht ags. *bend*, über das s. 136 gehandelt ist. Dafür haben wir freilich alts. *sundia*, ahd. *sunt(e)a* etc. Da diese aber das zeichen ihres späten ursprungs, das *a* im nominativ statt des etwa zu erwartenden *u*, an der stirn tragen, so können sie nicht gegen ein germ. *bandi, *sundi ins feld geführt werden. Ich wüste auch nicht, dass jemand ernstlich hieran gezweifelt hätte (so namentlich nicht Scherer, z. GDS. 118).

Dann ist ferner unzweifelhaft alts. *thiui* = got. *þivi*, altn. *þý̇* Hel. 4956 C, verkürzt *thiu* Hel. 285. 4956 M, mit übertritt in die schwache declination *thiuua* 285 C.

Undeutlicher, aber doch im zusammenhang mitbeweisend, sind andere spuren. Dazu rechne ich z. b. die abstracta auf ahd. -*nassi, -nessi, -nissi, -nussi, -nissa,* alts. -*nessi(a), -nussi(a),* ags. -*nes* = got. -*nassus* (nordisch fehlen sie). Diese formen sind kaum anders zu vereinigen, als wenn man von einer gemeinsamen westgerm. nominativform -*nassi* nach dem muster von *bandi ausgeht, welche an stelle der got. *u*-form getreten war. Dann bekommen wir nämlich folgende einfache entwickelung:

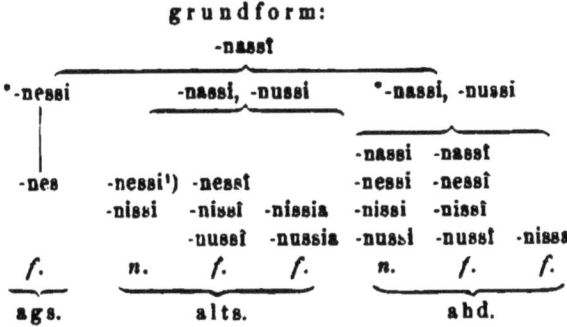

g r u n d f o r m:
-nasst

Mit worten ausgedrückt, heisst dies so viel als dass die
überführung in die *i*-form bereits gemeinsam westgermanisch
war; für diese zeit ist noch langes -*i* als endung anzusetzen,
da die verkürzung erst den einzelsprachen zufällt. Mit den
abstractis auf -*i* sind damals wol noch keine berührungen
eingetreten, da das ags. vollkommen reinen typus zeigt. Nach
der trennung der einzelsprachen tritt die verkürzung des *i*
lautgesetzlich ein, und es beginnt die vernichtung der *i*-form
bei wörtern wie *bandi* im alts. und ahd., sich bald auch auf
unsere abstracta erstreckend; wir sehen die drei hauptvertreter
der abstracta an dieser vertilgung teilnehmen: die feminina
auf -*ô* mit ihrem selbst schon neugebildeten nom. auf -*a* (alts.
-*nissia*, · *nussia*, ahd. -*nissa*), die abstracta auf -*i* (alts. ahd. -*nessi*
etc., endlich die starken neutra auf -*i* (alts. ahd. -*nessi* etc.).
Von der weiteren vermischung der ahd. abstracta auf -*i* mit
den verbalsubstantivis auf -*ini*-, got. *daupeins*, ahd. *toufî(n)*
haben sich übrigens die auf -*nessi* freigehalten; was Schlüter
s. 137 bei Isidor beobachtete, dass er zwar 5, 15 *dhiu be-*
rahtnissi und 23, 23 *dhiu aboha ubarhlaupnissi* sage (daneben
auch *uuootnissa* 9, 9, *îdalnissa* 25, 16, *folnissa* 37, 17, aber
kein neutrum), aber die abstracta stets auf -*in* bilde, gilt auch
im weiterem umfang; ein -*nessîn* etc. ist mir überhaupt nicht
bekannt.

Sodann glaube ich die movierten feminina und ihre verwanten hierherziehen zu dürfen. Ihre geschichte innerhalb
des ahd. hat erst Henning, Sanctgall. sprachd. 91 ff. richtig
dargestellt, über die vorgeschichte u. a. handelt Zimmer, Ostg.

---

¹) *giftcnesse* dat. Hel. 967 C, *farlegarnisse* dat. Hel. 3843 C.

u. westg. 38 f. Ich bemerke, grossenteils im anschluss an
diese, nur das folgende. Der nom. der betreffenden wörter
geht in der ältesten zeit aus auf *-in*, *-un*, daraus erwachsen
allmählich die angeglichenen formen *-inna* und *-in*. Im altsächs. finden sich als casus obliqui *burthinnia*, *henginnia*,
fastunnia, *uuôstunnia*, für den nom. und speciell für die mov.
fem. fehlen mir belege; das ags. hat *ʒyden*, *wyrʒen* oder
byrðen, *fæsten*, *ráden* etc., gen. *-enne*. Die ostgerm. formen
s. 139. Die ags. formen können allenfalls auch auf *-inju*
zurückgeführt werden, nach analogie der mehrsilbigen wie
firen aus *firenu*, oder wenn man will nach der von *sibb* aus
sibju, da unsere worte den nebenton auf der penultima hatten
(Beitr. IV, s. 529); gegen eine form *-ini*, *-ini* ist aber auch
nichts einzuwenden. Ob aber ahd. *mâgin* ohne weiteres aus
mâginju hergeleitet werden kann? der abfall des *u* geht sonst
dem schwinden des innern *i*, *j* voraus, aus *mâginju* sollten
wir *mâginni* erwarten, wie *cunni*, *richi* aus *cunju*, *richiu*.
Da ist mir denn eine entwickelungsreihe *mâginî*, *mâgini*,
mâgin viel wahrscheinlicher. Für diese classe träte also wider
übereinstimmung mit der indog. bildungsweise hervor.

So bleiben noch diejenigen wortclassen übrig, welche ganz
oder teilweise aus der *i*-form zur schwachen declination übergetreten sind. Was zunächst die participia anlangt, so ist
die schwache flexion nur ostgermanisch (got. *gibandei*, altn.
gefandi); dagegen ist das ostgerm. particip insofern altertüm-
licher als das westgermanische, als es masc. und neutr. noch
von dem einflusse der *jâ*-formen des femininums frei gehalten
hat (got. *giband-an-* etc.). Nachdem das westgerm. die überführung des ganzen particips zur *ja*-declination vollzogen hatte,
wurde das fem. natürlich wie die feminina der *ja*-classe behandelt; neben der unflectierten form *-andi* etc. entsteht die
adjectivische auf *-iu*, ags. *-o*, *-u* (*unswîciendo* Ex. 424, *nuniendo*
Reiml. 26). Im gemeingermanischen muss die flexion der
participia praes. noch rein gewesen sein. Bei den comparativen scheint dagegen der eintritt der schwachen flexion
gemeingermanisch gewesen zu sein; die *i*-form des nominativs,
deren *i* noch unverkürzt war, wurde auch in die schwach
flectierten casus hinübergenommen. Das westgermanische,
welches sich aller *i*-formen im adjectivum entledigte und in

dem nach dem gesammtübertritt der participia zur *ja*-declination der parallelismus von *i*-formen im fem. und consonantischen formen ohne den charakteristischen *i*-laut in gleichen wortkategorieen verloren gegangen war, liess für die *in*-form die gewöhnliche femininale *ôn*-form eintreten.

Endlich die abstracta wie got. *managei*. Sie bilden noch einen cardinalpunkt der frage wegen der vielen zweifel, die sich an ihre form geknüpft haben; ich verweise speciell auf Scherer s. 431, Zimmer s. 33 ff., Leskien s. 95 ff. Die beiden erstgenannten behaupten getrennte entstehung der ähnlichen formen zur ostgerm. einerseits und ahd.-alts. andererseits, Leskien setzt, hierin der früheren vulgatausicht folgend, der auch ich mich anschliesse, gemeingermanischen ursprung an. Sehen wir zunächst die gründe, welche für die letztere annahme sprechen.

1) Es ist durchaus wahrscheinlich, dass zwischen den skr. abstractis auf -*i* zu adjectivischen *a*-stämmen, *távishi* stärke zu *tavishá*, und den germ. abstractis ein directer zusammenhang besteht. Ist dieses richtig, so müssen die abstracta im deutschen von jeher auf seite der *i*-form gestanden haben, deren indogerm. ursprung mindestens höchst wahrscheinlich ist. Doch verkenne ich nicht, dass die griech. abstractbildung *ia* wie in *σοφία* hiergegen angeführt werden könnte; vor der hand kann ich diesem einwurf aber keine unbedingte gültigkeit beilegen, ehe die bildung der griech. feminina auf -(*ι*)*ă*, -*ιā* genauer erforscht ist.

2) Im ostgerm. sind die abstracta deutlich zur schwachen declination übergetreten; für das nordische ist dieser vorgang aus der erhaltung des -*i* zu folgern, das nur aus -*in* erklärt werden kann (*sòkei : sœk*); ahd. haben wir sicher langes *î*, während sich sonst auslautende *î* verkürzt haben (Braune, Beitr. II, s. 137 ff.), die alts. formen auf -*i* haben unsichere quantität, aber doch wahrscheinlich ebenfalls länge. Es ist nicht glaublich, dass dieser übertritt spontaner akt der einzelsprachen gewesen sei; deshalb ist die erste berührung mit den verbalsubstantiven auf -*ini*-, deren einfluss, wie Leskien für mich überzeugend bewiesen hat, der übertritt zur schwachen declination veranlasste, als bereits gemeingermanisch anzu-

seben. Eine solche berührung ist aber nur unter der voraussetzung denkbar, dass der nom. bereits auf -i ausgieng.

3) Wenige nachher zu besprechende ausnahmen aus dem
alts. abgerechnet, sind die abstracta im westgermanischen im
singular indeclinabel, ohne dass wie im nordischen ein lautgesetz die gleichmachung veranlasste. Ist es wahrscheinlich,
dass alle sprachzweige des westgermanischen dieselbe verall-
gemeinerung einer nominativform (darüber später) unabhängig
von einander durchgeführt haben? Wenn nicht, so darf nach
ahd. alts. -i auch für das ags. eine verloren gegangene form
auf -i vorausgesetzt werden; man muss dabei allerdings annehmen, dass die ahd. -in-form erst aus der specifisch ahd.
vermischung mit den stämmen auf -ini- entstanden ist, gegen
welche annahme meines wissens kein anstand vorliegt.

Die gegenteilige ansicht stützt sich auf eine anzahl west-
germanischer formen, welche nicht die reine î-form zeigen.
Scherer führt aus dem ahd. an einen nom. sg. *maneghiu* Isid.
15, 21 W., dazu fügt Zimmer s. 35, z. t. nach J. Schmidt und
Kelle noch eine reihe anderer belege. Von diesen ist das beispiel *brunni-brunnia* brünne, auszuschliessen, da das wort gar
nicht zu den abstractis gehört, die übrigen sind *helli* dat. sg.
neben gewöhnlichem *hellia*, das ebenfalls nicht hierher gehört,
und ausserdem den Diut. II, 119 ff. abgedruckten homilien des
11.—12. jahrhunderts entnommen ist; von wirklichen abstractis
mendislo exultatio aus Cod. Aug. 111 sec. X (wozu ich noch
vuêgislo afflictio ebenda, füge), *uuassiu* aus Münchener Prudentiusglossen des 11. jahrh. (Steinmeyers M¹, zs. f. deutsches
altert. XVI, 4), *piliuuiu* aus Emmeramer bibelglossen, ebenfalls
11. jahrh., endlich *slaffiu* aus den Augsburger glossen vom
ende des 10. jahrh. nach dem Braunschen abdruck; aber
Holder gibt Germ. XXI, 7 b z. 4 *ignauia slaffui*. Neben den
tausenden von formen auf -i(n) können diesen späten formen,
die übrigens zum teil auch noch genauerer constatierung be-
dürfen, wol keine besondere glaubwürdigkeit oder beweiskraft
beanspruchen. Nur das beispiel aus dem alten Isidor und die
beiden auf -islo können in betracht kommen. Aber ich glaube,
auch sie müssen fallen.

Bei Isidor 15, 16 wird *per pluralitatem personarum* durch
dhurah dhero heideo maneghin übersetzt; darauf folgen 15, 21

die worte *ipsa pluralitas personarum* widergegeben durch *thiu
selba maneghiu chinomidiu.* Zur richtigen beurteilung dieser
worte muss man erwägen, dass bei Isidor 17 abstracta auf -*in*
vorkommen, darunter drei nominative, *guotlihhin* 19, 10, *ôdhin*
25, 15, *restin* 41, 2, zusammen wenn ich recht gezählt habe
an 31 stellen; zu denen noch ein dat. pl. *antreidiu* kommt;
wichtig sind darunter *ghilaubin* und *daufin* = got. *galaubeins,
daupeins*; da *duri* acc. pl. 7, 9, *berahtnissi* und *ubarhlaupnissi*,
wie s. 108 und 141 gezeigt wurde, nicht zu unserer klasse gehören, so muss -*iu* als die einzige isidorische form der abstracta angesehen werden. Dies beweist, denke ich, dass zur
zeit Isidors nicht nur die contraction, sondern auch bereits die
verschmelzung mit den verbalsubstantiven vorhanden war. Wie
soll da ein nominativ auf -*iu* erklärt werden? zumal wenige
zeilen vorher erst *maneghin* steht. Die worte erlauben ausserdem noch eine ganz andere deutung. Ich kann nicht umhin,
völlig zu unterschreiben was Weinhold s. 120 über unsere stelle
bemerkt: 'ich halte *maneghiu* für stark flectiertes attribut (über
starke und schwache flexion zweier vorgestellter attribute vgl.
Grimm gr. IV, 537) und *chinomidiu* verschrieben für *chinomidin*,
der schwachen nebenform von *chinomida* = *ganemnida* per-
sona Graff II, 1086', nur wird *chinômidin* (nach nl. *noemen*) zu
schreiben und formell eher ahd. *namiti* benennung, Graff II,
1082, zu vergleichen sein. Der schreibfehler nach dem vorausgehenden *maneghiu* ist leicht erklärlich.

Mendislo und *uuêgislo* (zu ahd. *uueigen*, Graff I, 703)
kommen nur in dem Diut. I, 289 veröffentlichten glossar vor.
Sie erregen nicht nur durch das *o* bedenken, sondern schon
durch ihr weibliches geschlecht, da femininbildungen auf -*sli*
im ahd. sehr selten sind, gr. II⁴ 103. Prüfen wir daher unsere
quelle etwas genauer. Die glossen finden sich in einer lat.
'exhortatio ducum et ullatū exercitus', in dem Cod. Aug. 111,
der von älterer hand z. b. auch das glossar Ra. enthält; dieselbe exhortatio und ein teil dieser ca. 50 glossen findet sich
wider im Cod. Sangall. 141, s. Hattemer I, 313, und einer
Frankfurter hs., aus der Graff I, xxxiv proben gibt. Unsere
beiden glossen stehen nur in R (Reichenauer hs.); ebenso
fehlen in den andern die glossen *krêg* zu *pertinaciae, gehruafti*
n. zu clamor, *gersti* zu rancor, alles ἅπαξ λεγόμενα im ahd.

8

Der sprachliche typus der glossen ist sehr auffällig: vollkommene ungeregeltheit in den diphthongen: *krêg, uueihmôtî,
moatscahi, muutslêuuî, muatplintî, hôhmuatî, gehruaftî, hruom*;
neben den wie es scheint alem. *ua* steht unalemannisches *gedreog* fallacia (Braune, Beitr. IV, 557 ff.), der consonantis-
mus ist im ganzen fränkisch, dann aber begegnen wider *keflos*
neben *ungezunft, gehruaftî, gedreog, ungeuuerida*, ferner *unmez-
câhî, cotes*; *muatplintî*; dann aber gar unverschobenes *p* in
gelp gloria, uuverschobenes *d* in *gedreog* und überverschobenes
t iu *meineiti* periuria. Rechnet man nun zusammen, dass *-slo*
eine im altsächsischen öfter vorkommende form ist, dass die
in den beiden andern hss. fehlenden wörter zum teil nieder-
deutsches gepräge tragen (namentlich *mendislo* selbst, das im
Hel. vorkommt), dass *uuêgislo* und *krêg* im *ê, uueihmôtî* im *ô,
gedreog* in *d* und *gelp* im *p* niederdeutschen lautstand zeigen,
so darf man wol getrost behaupten, dass *mendislo* und *uuêgislo*
auf rechnung einer altsächsischen vorlage zu setzen sind, aus
der sie als unverstandene formen von dem oberdeutschen
schreiber herübergenommen sind.

Das ahd. kennt also keine andere beglaubigte
form als -*i* oder -*în*.

Im altsächsischen begegnen zunächst mehrere formen
auf -*slo*: *mendislo* Hel. 402, *herdislo* 4965 M, -*sî* C, *errislo* gl.
Prud. 1. 453, dazu kommen die eben besprochenen *mendislo,
uuêgislo* und ein *menigo* Hel. 10 im Cottonianus, der auch formen wie *drihten, steorra* u. dgl. hat. Es wird also gestattet
sein, diese form als echt alts. so lange anzuzweifeln, bis
andere belege als die auf -*slo* beigebracht sein werden. Diese
letzteren nämlich beweisen gar nichts. Einmal ist an ihnen
durchaus unerklärlich, warum hier das *i, j* regelmässig geschwunden sein sollte, das im alts. niemals fehlt. Da nun die
endungen -*sti* n. und -*sî* f. unbestritten auf ein ursprüngliches
-*sla*- zurückgehen, so wird man auch -*slo* darauf zurückführen.
Dann kann -*slo* natürlich nur nom. sg. eines schwachen masc.
sein, und weiter ist es auch nichts, wie uns die glücklich in
den Prudentiusglossen aufbewahrten pluralformen *râdislon*
aenigmata 152 und *kinislon* rimas 499 lehren.[1]) Gegen diese

---

zeugnisse kann die einzige stelle, wo *-slo* als fem. belegt zu
sein scheint, nicht aufkommen, nämlich Hel. 4965, wo C *thiu
herdisli*, M aber *thea herdislo* schreibt; man sieht, dass der
schreiber von M mit seinem *thea* für *thiu* zwischen *herdisli*
f. und *herdislo* m. schwankt; es sollte *thê herdislo* heissen. —
Wir haben also folgende verzweigung des suffixes *-sla*: 1) neutraler *a*-stamm, ahd. *-isal*, alts. in *gurdisla* dat. sg. gl. Prud.
388, wenn dies nicht für *gurdislea* steht; 2) männlicher *n*-
stamm, alts. *mendislo* etc.; 3) neutraler *ja*-stamm, alts. *dôpisli*,
dat. *-slea* Hel. 1025 M (C fehlt); 4) fem. auf *-i*, *herdisli* Hel.
4965 C, ahd. *-seli*, gr. I⁴, 103. Die stufenfolge ist ganz wie
in ahd. *-id* m., *-ido* m., *-idi* n., *-idî* f., wozu noch *-ida* f. tritt.
Nach abzug dieser worte bleiben an ausnahmen von der
î-form im Hel. ein nominativ *meginstrengiu* 4354 M, der zwischen zwei *thiu* in der mitte steht und so den verdacht eines
schreibfehlers erweckt, wie er gerade in den Heliandhss. öfter
vorkommt, s. meine anmerkung zu Hel. 106 verdächtig ist
besonders schon die endung *-u*, da das alts. ausser dem pronomen *siu, thiu* keinen nom. sg. auf *-u* mehr kennt; denn das
vor *meginstrengiu* stehende *mikilo* wird man doch nicht mit
Zimmer s. 34 als starke form nach dem artikel auffassen: man
denke, welche absonderlichkeiten sich hier in den zwei worten
häufen würden); ein nom. auf *-ia, blindia* 3636 M, ein dativ
an eldiu 194 M, also bisher alles nur in M, C hat stets *-î*;
gemeinschaftlich ist ein gen. pl. *huldio* 5014, endlich steht ein
dat. pl. *huldion* in der sächsischen beichte; also in summa
4 mal ein überschwanken in die *jâ*-declination (denn der gen.
pl. *huldio* konnte ja kaum anders gebildet werden als so);
und das wird man getrost als neubildung auffassen dürfen.
Unanfechtbar ist natürlich das bestehen der angelsächsischen abstracta auf *-u, -o*, aber ihre erklärung ist streitig.
Vor allem ist nicht richtig was Zimmer s. 33 f. über sie sagt.
Die vollständige gleichheit der singularcasus von ags. *menizu,
-o* veranlasst ihn zu der bemerkung: 'in der tat so regelmässig
als man sich etwas denken kann. Aus den germ. grundformen
managjâ, managjâs, managjâi, managjâm konnten lautgesetzlich
die westgerm. formen *managja, managja, managja, managja* entstehen. Wie nun westgerm. *geba* durch ags. *gifu* reflectiert
wird, so kann der stamm *managjâ* im ganzen singular nur die

belegten formen zeigen.' Wenn Zimmer nur zugleich auch nur
einen einzigen beleg dafür gebracht hätte, dass je anderwärts
ein anderes *â* als das des nom. sg. bei den *â*-stämmen im
ags. zu *o, u* geworden wäre! Warum flectierten denn die nicht
abstracten *jâ*-stämme so ganz anders: *bend, bende, bende, bende,*
ganz entsprechend den einfachen *â*-stämmen? *Menigu*, oder
um bei den einfacheren zweisilbigen stehen zu bleiben, *yldu*
kann nur eine nominativform sein, die sich auf die übrigen
casus ausdehnte, wie bereits oben s. 144 bemerkt wurde. Für
die casus obliqui besteht übrigens noch eine form auf -*e*, s.
Beitr. I, 500 f. und unten s. 151. Die grundform selbst muss
nach den früher entwickelten gesetzen ursprünglich dreisilbig,
*eldiu, gewesen sein. Nun ist widerum nicht abzusehen,
warum die abstracta, die sonst überall auf seite der *i*-formen
stehen, sich allein hier der uncontrahierten form bedient haben
sollen, während die nicht-abstracta wie *bend* die *i*-form zeigen.
Ferner ist die übertragung einer so deutlich kennbaren nominativform, wie die auf -*u* es ist, auf die casus obliqui durchaus nicht wahrscheinlich, ausser wenn wir annehmen, dass
bereits vorher eine gleiche form aller casus bestand, die
sonstiger analogieen in der flexion entbehrte; ist doch sonst
das *u* des nom. ganz sauber von allen casus obliqui geschieden geblieben. Wir werden also immer wider auf das alts.-
ahd. stereotype -*î* des ganzen singulars zurückgewiesen, vorausgesetzt, dass eine möglichkeit besteht, beide lautlich zu
vereinigen; diese ist gegeben, sobald man dieselbe übertragung
des fem. -*u* annimmt, wie sie in westgerm. *siu*, ags. *seó* =
got. *si*, urgerm. *sî stattgefunden hat (vgl. die lit.-slav. pronomina oben s. 138); aus *eldi + *u* erwuchs *eldiu und daraus
eldu, yldu[1]) wie *rîcu* aus *rîkiu (s. 135).

Es erübrigt nun noch zu untersuchen, ob die soweit ich
sehe nicht als gemeingermanisch angezweifelte scheidung zwischen kurzsilbigen und langsilbigen femininis der *jâ*-declina-

---

[1]) In den grammatiken pflegen meist die formen auf -*o*, *menigo*,
yldo für diese abstracta angesetzt zu werden, während man *dalu, rîcu*
etc. schreibt. Die älteren quellen kennen gar keinen unterschied,
höchstens überwiegt in beiden fällen -*u*; später scheint sich allerdings
das -*o* für die abstracta fester zu setzen, aber auch bei den andern
wortclassen ist es sehr häufig.

tion, got. *sibja* : *bandi*, *hvôftuli* sich der erklärung entzieht. Vor
allem kommt es wider auf genaues festhalten am tatbestand
an. Wir haben da zunächst zwei entschieden kurzsilbige
fem. auf -*i*, nämlich got. *þivi*, *mavi*. Ersteres ist moviertes
fem. zu *þius*, st. *þewa-* (vgl. runisch *þewaʀ*); daraus folgt, dass
wir als urformen germ. **þéwaz* m. und **þewî́* fem. ansetzen
müssen, s. s. 137 ff.; *mavi* steht ebenso zu *magus*, es muss also
von jeher ebenfalls zum *î*-typus gehört haben; die formentwick-
lung ist ganz regelmässig, urform **magús* m., **magwî́* f. Das
g des letzteren muste nach einem lautgesetze, das ich ein
anderes mal näher zu begründen gedenke, in unbetonter silbe
vor *w* schon urgermanisch ausfallen, wie in got. *naus* für
*nawis aus **nagwis*; altn. *ey*, ags. *ê*, *êg*, *îg* (vgl. ags. *hêg*, *hîg*
= altn. *hey*, got. *havi*), ahd. *ouua* d. i. **awî́* (oder **awjấ* wegen
altn. *mær* = **manî́*? s. 128. 136) aus **agwî́*, **agwiấ*, zu *áhva*
aus **áhwâ*; got. *siuns* etc., st. **siuni-* aus **sigwni-* (betont wie skr.
agní), zu **séhwan* (vgl. Bugge, Zs. f. vgl. sprachf. XIX, 403 f.),
germ. grundform **hweulá-* rad aus **hwegwlá-* = skr. *cakrá*, gr.
κύκλο- für **κυκλό-*, **κϝεκλό-*; endlich die pract. und part.
alts. *sâuum*, *giseuuan*, ags. *sâwon*, *zesewen* etc. zu **séhwan*
u. s. w.[1]) — Von mehrsilbigen liegen im got. vor **frijôndi*,
hulundi, *þûsundi*, *laúhmuni*, **vundufni*, **fraistubni*, *hvôftuli*,
aqizi, **jukuzi* und das fremdwort **aúrahi* (aus gr. ὄϱυχή,
J. Schmidt, Zs. f. vgl. sprachf. XIX, 276); die besternten formen sind im nom. nicht belegt. Von diesen ist *frijôndi* unbestritten moviertes fem. eines *nt*-stammes, es gehört also von

---

[1]) Nur nach consonanten bleibt das *g*, vgl. got. *siggvan*, altn.
syngva, westgerm. *singan* und verwantes; dass nicht nur der nasal
schützte, zeigen altn. *ylgr* aus **wolgwî́* = skr. *vrkî́* (Verner, Zs. f. vgl.
sprachf. XXIII, 121), got. *fairguni*, altn. *Fjǫrgyn(n)* zu skr. *parjánya*,
lit. *Perkúnas*, Zimmer, Zs. f. d. alt. XIX, 164 ff. Hierdurch tritt bezüglich einer von Verner a. a. o. 105 noch unerklärten 'differenzierungs-
form' des *hv* wider vollkommene consequenz zu tage. — Uebrigens
hängen noch verschiedene andere auffällige erscheinungen, namentlich
assimilationen, mit ursprünglicher suffix- oder endungsbetonung zusammen; z. b. höchst wahrscheinlich die von *nv* zu *nn* in verbis wie *rinnan*
zu *rnvánti* (darüber zuletzt Verner, Zs. f. deutsches altert. XXI, 117),
aber st. *mélwa-*, *bálwa-* etc.; die von *ln* zu *ll* in got. *fulls*, *vulla* = skr.
pûrṇá, *ùrṇá*, und manches andere, was ich hier nicht weiter aus-
führen kann.

rechts wegen zur i-classe, *hulundi* und *þúsundi* tragen ebenfalls
den typus der participien[1]), *aqizi* und *jukuzi* lassen auf ableitungen aus *as*-stämmen schliessen, *laihmuni, fraistubni,
vundufni* stellen sich zu suff. -*man*[2]), *hvôftuli* wie *hvilftri* zu
suff. -*tra*, es kann also ebenfalls directe femininbildung sein,
doch ist darauf kein zu grosses gewicht zu legen, da ja einige
der vorhanden gewesenen wörter sich immerhin nach andern
berechtigten mustern der î-gruppe gerichtet haben können.

Gibt man nun zu, dass ausser den abstractis auch eine
anzahl anderer feminina des î-typus bereits im germanischen
existierten, so ist es wol denkbar, dass sie allmählich auch die
nicht übermässig zahlreichen *jâ*-formen attrahierten. Dass
nur die langsilbigen davon betroffen wurden, hat seinen grund
vermutlich darin, dass sie im nom. silbenbildendes *i* hatten,
die kurzsilbigen aber consonantisches *j*; man vgl. die voraus-
zusetzenden grundformen wie:

*siðjâ	*bandiâ	*hvilftri
*siðjôz	*bandiôz	*hvilftriôz
*siðjai	*bandiai	*hvilftriai
*siðjâ(m)	*bandiâ(m)	*hvilftriâ(m)

u. s. w.

Das resultat dieser betrachtung wäre also zusammengefasst
dieses:

') Sie sind wol, wie andere ähnliche bildungen, wie *nêhvundja*, als
reste der schwachen form des participialsuffixes zu betrachten: germ.
-*und-* = skr. -*at*-, indog. - *nt*-.

²) So auch die neutra *fastubni, valdufni, vitubni*. Die verschiedenheit der suffixform (-*muni* und *bni*, -*fni* für -*mni*; -*tuli* und -*tri*) ist
vielleicht so zu erklären, dass -*mnî*, -*tlî*, -*tri* die eigentlichen nominativformen waren, da das abstufende suffix (-*man*, -*tar*) hier in schwacher
form erscheinen muste. In vielen fällen entwickelte sich aus dem durch
seine lautumgebung zu sonantischer geltung gebrachten *m* ein *um*; dies
liegt eventuell vor in *vundufni, fraistubni* etc.; danach sollte man auch
lohumni erwarten; hier aber scheint die form der casus obliqui massgebend gewesen zu sein; aus einer form *lohmniôz* konnte durch rollen-
tausch des *n* und *i* *lohmnjôz* d. h. *lohmunjôz* entstehen (vgl. ahd.
fetiro aus *fatirjo* für *fatrio*), ebenso *hvôftuljôs* aus *hvôftliôz* u. s. f.
Im einen fall wurde die nominativform, im andern die form der casus
obliqui verallgemeinert. Vielleicht ist auch die doppelform der fem. auf
-*unnia* und -*innia* so zu erklären, die von den movierten femininis mit suffix
-*nî* (vgl. skr. *râ'jñi, takshnî'*) ihren ausgang genommen haben müste.

1) Es gab ursprünglich im germ. kurzsilbige feminina auf
-já, langsilbige auf -iá, daneben solche auf -i ohne rücksicht
auf die quantität.

2) Bereits gemeingermanisch attrahierten die letzteren die
iá - stämme.

3) Noch vor dem eintritt einer verkürzung des -i geriet
ein teil der i-formen, nämlich die abstracta, kraft ihrer bedeutung unter den einfluss der verbalsubstantiva auf -ini- und
wird dadurch zu einer besonderen form der schwachen
declination umgestaltet; ihnen schliessen sich im got. einige
wenige nichtabstracta an (got. áiþei [sicher ein moviertes fem.],
kilþei, þramstei, hvairnei, marei, Leskien s. 95); auch die participia und comparative schliessen sich im ostgerm. an diese
neue form an.

4) Das nicht durch den übertritt zur schwachen declination geschützte -i verkürzt sich resp. schwindet im got., altn.,
ags.; ahd. und alts., welche im allgemeinen keine alten nominativformen beim fem. subst. haben, lassen neubildungen auf -ia,
-ea, -a dafür eintreten.   Nur spuren des älteren zustandes
zeigen sich noch.

5) Das westgerm. verallgemeinert bei den abstractis die
nominativform -i für alle casus (ausser eventuell gen. dat. pl.).
Hierzu tritt im ahd. als zweite form -in, d. h. der regelrechte
nom. der völlig zu den abstractis übergetretenen verbalsubstantiva auf -ini-.   Das alts. macht ganz vereinzelte versuche,
durch antritt der casusendungen der á-stämme wider eine
flexion herzustellen.   Das ags. hängte das nom. -u derselben
á-stämme zunächst wol an den nom., dann aber an die gleich-
lautenden formen der übrigen casus an; gelegentlich trifft man
auch noch nominative ohne endung wie yld, nach dem typus
von hend und dem entsprechend casus obliqui auf -e an, die
nicht aus dem -i direct erklärt werden können (got. sôkei =
ags. sœc, sêc).   Diese sind wol, wie Beitr. I, 500 ff. vermutet
wurde, als anlehnungen an die abstracta auf ags. -þu, got.
-iþa anzusehen, welche letzteren durch ihre allmähliche vermischung mit den abstractis auf -i eine sehr schöne illustra-
tion der wirkungen der analogie in zwei bedeutungsverwanten
wortclassen liefern.

3. Der auslaut mehrsilbiger wörter.

Die vorausgehenden untersuchungen haben das uns eigentlich gesteckte ziel mehrfach überschritten; es wurden gelegentlich die schicksale ursprünglicher längen erörtert, namentlich
insofern sie in folge von verkürzungen später einer syncope
unterlagen. In dieser beziehung berührte sich die darstellung
vielfach mit den untersuchungen Pauls über die geschichte der
langen endungsvocale. Ich darf wol aus beiden abhandlungen
als resumé den satz ziehen, dass alle indogerm. längen sich
bis ins einzelleben der germ. sprachen erhalten haben; dass
ebenso wie Braune es für das ahd. nachgewiesen hat, in den
einzelsprachen auslautende längen früh verkürzt (resp. diph-
thonge monophthongisiert) wurden und eventuell der syncope
unterlagen, während consonantisch gedeckte längen (nasal-
vocale?) diese schicksale erst in weit späteren perioden er-
litten. Dieser satz ist für die betrachtung der mehrsilbigen
wörter von fundamentaler bedeutung.

Was diese letzteren anbetrifft, so wurde die untersuchung
bereits an verschiedenen stellen notwendig darauf hingeführt,
sie gleichzeitig mit zweisilbigen zu besprechen, namentlich bei
der geschichte der *ja*-stämme war dies wegen der verschiedenen silbenzahl dieses suffixes unvermeidlich. Wir haben
dabei gesehen, dass die silbenzahl eines wortes allerdings
unter umständen für die schicksale seines auslautes massgebend sein kann, ich erinnere z. b. nur an ags. *hrycʒ : rice,*
pl. *cynn : ricu,* f. *lǻr : strenʒþu* u. dgl. Eine einfache theore-
tische erwägung lässt auch die bedingenden gründe leicht erkennen. Drei und mehrsilbige wörter haben stets einen nebenaccent, nach dem germanischen accentgesetz, wie wir Beitr.
IV, s. 528 ff. gesehen haben, in der regel auf der schlusssilbe
des wortes. Diese kann also nicht ohne weiteres der unbetonten schlusssilbe eines zweisilbigen wortes gleichgestellt
werden, da ja das ganze auslautsgesetz vom accente bedingt
ist. Natürlich kann es daneben nicht ausbleiben, dass sich
ausgleichende analogiewirkungen einstellen, deren möglichkeiten
für jeden fall einzeln zu erwägen sind.[1] Im allgemeinen

---

[1] Doch darf dies schwerlich in der weise geschehen wie Zimmer, ostg.
und westg. 27 es tut, welcher berechnet, dass das got. 50 drei- und

darf man wol sagen, dass analogiewirkungen um so eher und
stärker auftreten werden, je deutlicher durch bestimmte suffixformen mit ausgeprägter bedeutung (die vom sprechenden als
lebendige suffixe empfunden werden, vgl. Paul, Beitr. IV, 413
anm. 2) bestimmte parallelen zwischen wortreihen hervortreten.
Beim nomen trifft dies meist wortbildungssuffixe, beim verbum
hauptsächlich auch die flexionsendungen.

Es ist bekannt, dass der nebenton die letzte silbe eines
dreisilbigen wortes nicht vor vocalsyncope schützt; es heisst
z. b. got. *mikils*, altn. *mikill* etc., obschon gewis einmal **mlki-*
làz bestand. Auch diese schwierigkeit löst sich einfach, wenn
man die gesetze der satzaccentuation einer neueren sprache
beobachtet. Die nebentöne auf schlusssilben treten wie überhaupt alle accente kräftig in pausa hervor, aber sobald das
wort aus der pause in das innere des satzes tritt, rückt ein
teil des accentgewichtes des ganzen wortes auf das nächste
wort über, besonders aber wird der nebenton von einem folgenden hochton mehr oder weniger absorbiert. Man kann
diese erscheinung überall am besten in stark 'singenden'
dialecten beobachten; z. b. im thüringischen besteht ein ganz
bestimmt ausgeprägter accentwandel je nach der stellung der
wörter im satze, der besonders gegen das satzende hin und
bei emphatischer sprechweise für jeden unverkennbar ist, der
einmal darauf zu achten versucht hat. [1]) Wir haben also in
wirklichkeit für dreisilbige wörter im satze sehr häufig die
accentstellung $\smile \smile \smile \mid \acute{\smile} \ldots \parallel$, oder um ein beispiel zu geben,
got. *mikils* muss beurteilt werden nach formeln wie *mikilaz
ist. Es entsprechen solche der accentstellung $\smile \smile \smile \acute{\smile}$ bei viersilbigen wörtern, die wir Beitr. IV, 530 ff. kennen gelernt und
deren syncopierungsverhältnisse oben s. 68 ff. 81 ff. besprochen
sind. Wie dort, wird auch im satzzusammenhang der un-

mehrsilbige feminina auf -*a* hat gegen 66 zweisilbige. Von den 50 beispielen fallen etwa 35 auf die abstracta auf -*iþa*, -*þva*. Wie viele von
diesen werden zu der zeit wo sich die flexion des got. definitiv fest-
stellte, im lebendigen gebrauche gewesen sein?

[1]) Nur muss man dabei die vorsicht brauchen, sich an leute zu
halten, die nicht zu sehr unter dem einfluss des rhetorischen accentes
der schule stehen, der ganz besonders diese dinge gefährdet, und namentlich die circumflexe auszurotten bemüht ist.

mittelbar vo r einer betonteren silbe stehende syncopierungs-
fähige vocal syncopiert, d. h. es tritt im allgemeinen dasselbe
ein, was nach einer langen silbe geschieht; nur scheint es
denkbar, dass nach dem principe, dass die sprache über die
einzelnen silben eines wortes um so rascher hinweggeht, je
grösser seine silbenzahl im verhältnis zum bedeutungsinhalt
ist und dass daher bei mehrsilbigen wörtern leichter verstüm-
melungen eintreten als bei kürzeren, die gesetze der syncopierung bei den dreisilbigen etwas früher eingetreten seien als bei
den zweisilbigen.

Im einzelnen entzieht sich der auslaut der mehrsilbigen
viel mehr der beobachtung, da die kriterien des umlauts
u. s. w. meistens wegfallen. Uebrigens sind es der in betracht
kommenden fälle so sehr viele nicht.

Auslautendes (ursprünglich tonloses?) -a in dritter silbe
stand 1) im gen. sg. der a - stämme; got. *dagis*, altn. *dags*, ags.
dæges, alts. *dages*, ahd. *tages* aus *dazesja, *dazessa; gegen
die annahme gemeingermanischen schwundes lässt sich soviel
ich sehe kein zwingender grund geltend machen; die regel
wäre wie bei der 1. pl. praet. auf -um aus -ma, s. 119; —
2) nach eintritt des consonantischen auslautsgesetzes im acc.
sg. m. und nom. acc. sg. n. mehrsilbiger a - stämme, z. b. *þeu-
ðana*, * herðia, * bôkaria, * mikila == got. *þiudan, haírdi, (bôkari),*
mikil; im flectierten nomen ist kein unterschied von den zweisilbigen zu bemerken, die analogie hält die wortformen zusammen. Nur wo eine solche directe analogiewirkung nicht
vorliegt, scheint auch dies a schon germanisch abgefallen zu
sein: das wäre der fall im infinitiv, germ. *neman* aus * ne-
mana, *nemanan, *nemanam; got. *niman* etc.; altn. *nema* ohne
auslautenden nasal (aber acc. *aptan, dróttin, jotun* etc.); 3) in
der composition; hier schwindet das a regelmässig in den *ia*-
stämmen, got. *andilaus, arbinumja*, so auch *þûsundifaþs* zu st.
andia-, arbia-, þûsundia-; aber *fraþjamarzeins* etc. (Ulf. Altenb.
ausg. II, 2, 129); desgleichen ohne a *þiudangardi* und *midjun-
gards* (wenn letzterem ein a-stamm zu grunde liegt), an adjectiven *aglaitgastalds, anþarleiks, managfalþs, ubilvaúrds, ubil-
tôjis, mikilþûhts*; aber viele substantiva mit a, *himinakunds,
alêvabagms, kaisaragild* etc. Das letztere beispiel kann uns
warnen, sämmtliche hierher gehörige formen als rein lautge-

setzlich entwickelte zu betrachten; 4) unbewiesen sind die von Scherer u. a. angenommenen grundformen *tasjâja, *gebâja für got. *þizai, gibai etc., doch würde vom standpunkt der auslautsgesetze kaum etwas dagegen einzuwenden sein. Europäisches unbetontes -e in dritter resp. vierter silbe haben wir anzusetzen in der 2. plur. praes. der verba: got. nimiþ für *némeðe, im vocativ der mehrsilbigen a-stämme, got. þiudan für *þeúðane, endlich im imperativ der schwachen verba, got. sôkei aus *sôkeje, *sôkije. Ueber erstere lässt sich nichts bestimmtes sagen, die imperative sind noch immer rätselhaft; gemeingermanisch sind die got. formen nasei, sôkei gewesen, da sie den syncopierungsgesetzen auslautender germanischer längen unterliegen (ags. nere : sæc). Sollte länger gebliebene suffixbetonung im spiele sein (*nasí, *sôkí aus *nasiji, *sôkiji contrahiert)? Dass sich bei den starken verbis keine analoga (erhaltene -i) finden, würde sich daraus erklären, dass das starke deutsche verbum nur wurzelbetonte verba hat; got. bidei zu bidjan müste nach dem muster von nasjan : nasei gemacht sein.

Auslautende unbetonte i stehen in der 2. 3. sg. und der 3. pl. ind. der verba got. nimis, nimiþ, nimand für *némisi, *némiði, *némanði. Gemeingerm. abfall wird durch altn. nema 3. pl. für germ. *nemanð, *neman wahrscheinlich gemacht, wenn man nicht etwa frühzeitige beeinflussung von seite des conj. annehmen will. Auch lässt sich wol geltend machen, dass in den dritten personen (und das bezöge sich auch auf die 2. pl.) das germ. ð im ags. spirans blieb, nimeð, nimað, während das ags. den westgerm. übergang von germ. (tönendem) ð zu d im inlaute mit durchgemacht hat. Ueber -i als casusendung bei i-, u- und consonantischen stämmen (*anstaji, *sunavi) s. nachher; vgl. auch oben s. 121.

Auslautendes u steht nur im acc. von nominibus auf got. -ôdus, -assus und fremdwörtern wie asilus, aggilus, ulbandus (?), im got. überall erhalten, sonst geschwunden wie überhaupt u nach langsilbigen, doch sind die meisten dieser substantiva zu anderen declinationen übergetreten.

Das resultat wäre: unbetonte auslautende a, e, i, die nicht durch den systemzwang gehalten werden, fallen bereits gemeingermanisch in dritter silbe ab.

Für *u* liegen keine entscheidenden beispiele vor, da die mehrsilbigen nomina dem systemzwange unterliegen.

Gedecktes *a* lag vor 1) im nom. (acc.) sg. dreisilbiger *a*-
stämme, welche überwiegend adjectiva und participia praet.
waren; das *a* blieb, zum teil vielleicht unter dem einflusse des
systemzwanges; als sicherer beleg kann altn. *holtingaʀ* auf dem
goldenen horn gelten, selbst wenn man *haitinaʀ* auf dem Tanum-
steine anfechten will.   Die *ja*-stämme schliessen sich überall
an die langsilbigen an, got. *-eis*, altn. *-ir*, ags. *-e* etc.; 2) im
gen. sg. consonantischer stämme; es kommen in betracht die
substantivierten participia praesentis und die *n*-stämme; erstere
haben im got. und westgerm. die form der *a*-declination angenommen, gen. *nasjandis*, ahd. *heilantes* etc., altn. sind sie im
sg. zur schwachen declination übergetreten, altn. *búandi*, gen.
búanda.   Got. *namins*, ahd. *nemin*, später *namin* verhalten sich
so wie etwa got. *aigins* zu ahd. *eigin* (neben *eigan*), grundform
*naminas, *aiginas, die formen des alts. sind teilweise, die des
ags. und nordischen gar nicht direct vergleichbar, da sich die
accusativform in die stelle der übrigen casus eingedrängt hat.
Für diesen muss, wegen nord. *hana*, got. *hanan* als bereits gemeinschaftliche form aufgefasst werden.   Die genetive der
stämme auf *-tar* können nicht herbeigezogen werden, da im
nordischen die form des accusativs, im westgerm. die des nominativs bestimmend eingewirkt hat (altn. *fǫður*, ags. *fæder*, alts.
fader, ahd. *fater*, aber got. *fadrs* aus *fadrás wie dat. *fadr*
aus *faðri); 3) wird *-as* als endung des gen. sg. der *i*- und
u-stämme angesetzt, z. b. von Scherer; got. *anstais, sunaus* aus
*anstajas, *sunavas (so zuletzt wider von Bechtel, Anz. für
deutsches alt. III, 222 f.).[1])   Es ist wirklich fast überflüssig,

_____

[1]) Einen teil der von Bechtel dort gegen Leskien vorgebrachten
gründe gestehe ich nicht zu begreifen, wenn nicht in dem satze 'einem
gr. πόλιος kann daher nur germ. *anstias* parallel gehen, daraus ist aber
eben ahd. *ensti* nicht abzuleiten, somit bleibt nur *anstajas, anstijas* zur
verfügung' ein druckfehler, *anstias* für *anstjas*, anzunehmen ist. Uebrigens ist Bechtels hauptgrund, im germ. sei zweisilbige aussprache des
suffix *ia* nicht anzunehmen, durch unsere untersuchung wol bereits hinlänglich widerlegt.   Nicht die auslautsgesetze streiten gegen eine grundform *anstajas, sondern die gesetze über den inneren vocalismus.   Wer
nicht die existenz eines europäischen *e* überhaupt a limine abweist, und

noch einmal darauf hinzuweisen, dass gar kein ersichtlicher
grund vorliegt die got. formen (sowie die des loc.-dat. *sunau*,
anstai) von den skr. *kavés, sunós* resp. *sunâ'u* (** kavâ'i*, dafür
durch übertragung *kavâ'u*), zend. *patôis, paçèus, khratâo, vanhâu*,
altpers. *Babirauv*, lit. *akë's, âkei, sunaús*, ksl. *pǫti, synu* etc. zu
trennen, da diese formen, auch abgesehen von der vocalquali-
tät, in den einzelsprachen nicht lautgesetzlich aus *-avas, -ajas*
erklärt werden können. Dass germ. *ai* in schlusssilben zweisilbiger wörter nicht bleiben könne, sollte man doch endlich auf-
hören zu behaupten: denn einen andern grund dafür als die
hergebrachte gewohnheit dieser behauptung gibt es schwerlich;
4) ob für die 2. dual. *-as* oder *-es* anzusetzen ist, und wann
der vocal syncopiert wurde, lassen die got. formen auf *-ts*
nicht erkennen; 5) über den dat. pl. s. unter *i*.

Gedecktes europäisches *e* stand ursprünglich 1) im nom.
pl. der *i*- und *u*-stämme, 2) im nom. pl. der consonantischen
stämme, 3) in der 1. pl. ind. praes. der verba. Da europ. *e*
ausserhalb der wurzel stets umlaut wirkt, ausser wo es wie
im imp. wahrscheinlich bereits in germanischer zeit syncopiert
wurde (vgl. altn. *fœtr, yxn, feðr, dœtr* = ** fôtiz, * ohsniz,
* faðriz, * dohtriz*, vgl. *dohtrir* auf dem stein von Tune), so ist
auch hier überall bereits germanisches *i* anzusetzen.[1]) Dadurch
bekommen wir für 1) die grundformen ** anstijiz, * suniviz*, daraus
entstand die germ. form ** anstîz* (wahrscheinlich durch frühe
contraction wie ** nazî'*, got. *nasei*, aus ** naziji*) = got. *ansteis*,
altn. *ástir*, westg. ** ansti*, ahd. *ensti* etc.[2]) Ob got. *sunjus* bereits als germ. form anzusetzen ist, bleibt zweifelhaft; altn.
synir lässt sich wahrscheinlich nicht lautlich damit verbinden,
die analogie der kurzsilbigen *ja*-stämme liesse dafür ** synr*
erwarten, vgl. z. b. *dynr* = germ. ** dunjǝz*, obwol sich wie
wir sahen das *u* im nordischen länger gehalten zu haben

das wird ja auch doch B. nicht wollen, kann logischer weise gar nicht
eine germ. grundform *-ajas*, sondern nur *-ejas, -ijas* ansetzen.

[1]) Ueberhaupt kann man wol die regel aufstellen, dass alle europ. *e*
ausserhalb der wurzelsilbe germ. zu *i* geworden waren.

[2]) Von einem schwinden des letzten *i* und nachheriger contraction
des ersten *i* mit dem aus *j* entstehenden kann man physiologisch nicht
wol sprechen, das *j* als contractionsfähiger laut in solcher lautumgebung
ist eine rein fictive grösse.

scheint als das *a*; man müste einwirkung der langsilbigen wie *vellir* aus *velliuz* annehmen, oder glauben dass germ. auch *suniuz* noch dreisilbig gewesen und im got. *iu* ohne rücksicht auf die quantität zu *ju* geworden sei, wie in *harja, hairdja, nasja, sôkja* etc.[1])

Hier muss also die sache unentschieden bleiben. Ein sichereres resultat gibt der zweite fall; got. *hanans* für *hananez, -iz*; vergleicht man hiermit alts. ahd. *hanun, -on,* ags. *honan* in ihrem gegensatz zu got. *þiudans,* alts. *thiodan,* ags. *þeóden* für germ. *þeuðanaz,* so wird man mit bestimmtheit auf eine germ. grundform *hananz* geführt, da wie es scheint nur in germanisch letzter silbe stehendes *an* westgermanisch zu *-on, -un* wird. Altn. *hanar* ist dabei auszuschliessen als neubildung; es kann weder = germ. *hananiz* noch = germ. *hananz* sein, da ersteres *hanann,* letzteres *hana* ergeben hätte, was als accusativform vorliegt. Die *nd*-stämme müssen dagegen das *i* länger gehalten haben, vgl. altn. *gefendr* zu *gefandi,* aus *gebandiz.*[2])

Was den dritten fall anlangt, so scheint die übereinstimmung der germ. sprachen in der abwerfung des *-s,* das doch allem ermessen nach einmal vorhanden war, die gemeinschaftlichkeit der gekürzten form wie *nemam* aus *nemamiz, *nemamz* zu verbürgen, die ebenso wie die dat. pl. zu beurteilen sein

---

[1]) Der übergang von *iuz* zu *ir* wird für das nordische als möglich bewiesen durch *eyrir,* das doch wol = lat. *aureus* ist (als lehnwort). Möglicherweise bestanden wirklich einmal doppelformen der *u*-declination, von denen die kürzeren gelegentlich übertritt zur cons. declination veranlassten (altn. *hendr* = got. *handjus*). Merkwürdig stimmt altn. *drynr* f. pl. zu got. *drunjus*; steht es für *drunjiviz, *druniviz, *drunjuz,* oder ist einfach die singularform fälschlich als pl. gefasst?

[2]) Die betreffenden casus der verwantschaftsnamen gehören nicht hierher, sondern zu den zweisilbigen, weil überall die kürzesten suffixformen durchgeführt sind; so staht der altn. dat. sg. *feðr* für *faðri (so auch ags. *brêþer* etc. für *brôþri*), der gleichlautende nom. pl. für *faðriz,* denn *faðiriz* oder dgl. hätte *feðirr* und ähnliche formen ergeben; nur der acc. sg. zeigt noch starke suffixform; *fǫður* weist auf *faðaru(m)* d. h. *faðárm mit *m* sonans (wie z. b. *gǫmul* für *gamalu* steht). Diese form hat allmählich den dat. und noch früher den gen. (dessen eigentliche form *faðrs aus *faðrás wäre) verdrängt, vgl. Wimmer § 61. Die nebenform *-fǫðr* wie in *Allfǫðr* geht möglicherweise auf einen acc. mit schwacher suffixform, *faðrúm aus *faðrm̥ zurück.

dürfte (ob auf den abfall des *s* in ältester zeit die analogie
des opt. und praet. einwirkte, lasse ich dahingestellt), dabei
fällt allerdings die abweichende behandlung des *-am* im ahd.
auf (altn. *nemum* wie *dogum*, aber ahd. *nemam : tagum*).
Gedecktes indog. *i* stand in den nom. sg. mehrsilbiger *i*-
stämme, wie *daupìni-s*, got. *daupeins* etc. Die analogie der
mehrsilbigen *u*- und *u*-stämme macht es wahrscheinlich, dass
unter dem einflusse des systemzwanges die *i* in die einzelsprachen übernommen wurden. — Sodann gehört hierher der
germanische dat. pl., den man gemeinhin wol dem skr. dat.
auf *-bhyas* gleichstellt. Wenn die gleichsetzung des *bh* und *m*
zuträfe, so könnte doch die ganze endung *-jas* oder *-ias* nicht
abgefallen sein; der ausfall des *j*, den man eventuell statuieren
müste, wäre schwer zu erklären, er fände höchstens in der
behandlung der *-asja* im gen. sg. ein zweifelhaftes analogon;
got. *dagam* etc. ist mit Zimmer[1]), ostg. und westg. 8 f. als vertreter von **dagamiz* zu betrachten, der form des instrumentalis.
Man vergleiche die 1. pl. des verbums, die doch ebenfalls *-miz*,
wenn auch mit secundärem *i*, als endung voraussetzt. Bei ein-
silbigem stamm sollte freilich die endung *-iz* länger geblieben
sein, und ich glaube sie ist es, vgl. nord. *tveim(r)*, *þrimr*; dass
sie speciell *i* enthielt, glaube ich aus den ags. *þǽm*, *twǽm* für
*þaimiz, **twaimiz* folgern zu müssen, welche formen dem
älteren ags. fast ausschliesslich eigen sind; erst später treten
unter dem einflusse von *þâ*, *þâra* (d. h. beim artikel nom. gen.
und acc. aller geschlechter des plurals) und *twâ* die nicht umgelauteten formen *þâm*, *twâm* auf. In den übrigen fällen muss
die masse der mehrsilbigen die wenigen zweisilbigen formen
überwältigt haben (wie beim verbum *dôm* = ahd. *tuom* für
*dô'miz?, doch fehlen dafür entscheidende belege).

Was endlich die vertretung von auslautender n a s a l i s
s'onans mehrsilbiger betrifft, so ist darüber schwer ein festes

---

[1]) Vorausgesetzt nämlich, dass Zimmer mit den worten 'dem dat.
pl. *mis* entspricht' etc. wirklich die eigentliche instrumentalendung, und
nicht ein nach Scherers ansicht, z. GDS. 277, durch *-bjis* aus dem dativ-
suffix hervorgegangenes *-mis* meint. Wozu man diesen lautgesetzlich
höchst problematischen umweg über den dat. machen soll, wenn die
lautlich correct entsprechende form sonst als gut indogermanisch bezeugt
ist, sehe ich nicht ein.

urteil zu gewinnen: *fǫður* etc., die kaum etwas anderes als die
eigentlichen accusativformen sein können, weisen wie bemerkt
wol auf *faðáru(m)* mit erhaltenem *u*, das später getilgt wurde
(auch im gotischen, gegen das beispiel der abstracta auf -*ôdus*,
-*assus*). Aber für got. *hanan* trifft diese deutung nicht zu
wegen altn. *hana*, da ein **hanánum* zu **hǫnu(n)* geführt hätte.
Darf man vielleicht daran denken, dass sich aus **hanánm* zunächst ein **hanánn* entwickelt hätte, dessen doppel-*n* die syncope des *a* verhinderte?

Das gesammtresultat der untersuchung lässt sich nun in
folgende sätze zusammenfassen:

1) Ein vocalisches auslautsgesetz in dem sinne und umfange wie es Westphal und Scherer angenommen haben, d. h.
ein allgemeines gesetz für gemeingermanische syncope kurzer
vocale in schlusssilben, besteht nicht.

2) Wie es von anderer seite bereits nachgewiesen ist, dass
alle indog. längen in schlusssilben in den germanischen einzelsprachen noch bestanden, so wurde oben zu zeigen versucht,
dass diese auch noch im besitze der ursprünglichen kürzen
gewesen seien.

3) Ausgenommen hiervon sind bei zweisilbigen wörtern
gewisse ursprünglich auslautende kürzen, so das *a* oder *e* der
1. pl. perf., des imperativs, vielleicht das *i* der 2. und 3. sg.
ind. der wurzeln *dhâ* und *as*; bei drei- und mehrsilbigen wörtern die ursprünglich auslautenden und die durch nicht mehr
als éinen consonanten gedeckten kürzen, wo nicht die macht
der das flexionssystem regulierenden analogie längere conservierung veranlasste. Diese conservierung tritt namentlich in
der declination der vocalischen stämme hervor, weil wesentlich
auf den endvocalen die unterscheidung der casus beruhte; dagegen trat bei einem teile der consonantischen stämme, den
n-stämmen, die stammabstufung des suffixes noch als ein
unterscheidungsmerkmal der casus hervor, und die wirkung
der lautgesetze überwog. — Es ist nicht unwichtig zu betonen,
dass in der tat die gemeinschaftliche syncopierung in mehrsilbigen wörtern weiter gegangen ist als in zweisilbigen (Braune,
Beitr. II, s. 162 ff.; Zimmer, ostg. und westg. s. 26 f.).

4) An die stelle des allgemeinen syncopierungsgesetzes
tritt eine reihe von specialgesetzen. Vor allem zweigen sich
wider die westgermanischen sprachen von den ostgermanischen,
richtiger vielleicht vom nordischen ab. Bei der syncopierung
spielt die quantität der stammsilben die wichtigste rolle, genau
entsprechend dem einflusse, den dieselbe bei der syncope
innerer unbetonter vocale hat. Der gegensatz zwischen nordisch und westgermanisch besteht darin, dass das erstere den
vocal nach langer silbe länger bestehen lässt, das zweite ihn
nach einer kürze besser conserviert.

5) Das übereintreffen der westgermanischen sprachen im
factischen der syncopierung beweist nicht, dass diese gemeinschaftlich vollzogen wurde (s. 110); vielmehr kann nur ein gemeinschaftliches treibendes princip angenommen werden, das
aus gleichen physiologischen grundlagen gleiche resultate er-
zielte. Wir werden nicht fehl gehen, wenn wir dieses princip
in einer bestimmten weise der accentuierung suchen, da von
dem verschiedenen accentgewicht einer silbe deren relative
neigung zur schwächung abhängt. Da das westgerm. princip
sich in widerstreit befindet mit der als gemeingermanisch fest-
stehenden scheidung des suffixes *ja* in *ja* und *ia*, so ergibt
sich, dass dasselbe gegenüber dem durch das nordische ver-
tretenen als das jüngere betrachtet werden muss.

6) Zwischen der westgerm. syncope nach langer silbe und
der stärkeren germ. neigung zur syncope in dritter und vierter
silbe als in zweiter muss doch wol ein ursächlicher zusammenhang angenommen werden. Von diesem standpunkt aus muss
die erklärung des phänomens versucht werden; und hierzu
will ich wenigstens zum schlusse noch eine andeutung geben.
Das beispiel vornehmlich des ahd. mit seiner diphthongierung
der *ê*, *ò* zu *ea*, *oa* etc. zeigt deutlich an, dass circumflectierende betonung bestand (Lautphys. 131). Auf denselben
factor muss auch die westgermanische gemination
vor *j, w, r, l* zurückgeführt werden; bei einer positions-
langen silbe wie *akja*, *alja* kann eben circumflectierende betonung nur so angebracht werden, dass der zweite teil des
accentes in den eingang des auf den vocal folgenden consonanten fällt, und diesen selbst verlängert; der ausgang des
consonanten aber wird nach wie vor zur folgenden silbe ge-

zogen, und so entsteht der eindruck der geminata (Lautphys.
98 ff.). Da das ostgermanische an diesen erscheinungen keinen
anteil hat, so dürfen wir den circumflex wol als einen wesentlichen bestandteil der jüngeren westgermanischen accentuierungs-
weise betrachten.   Da der circumflex nur auf langen silben
erscheinen kann, so gewinnen wir folgende parallelen zwischen
der westgermanischen und der germanischen syncopierung (ich
bezeichne unbetonte silben durch ˘, den eintritt eines neuen
accentes durch |).

winĭz | , súnŭz | = názĭ|dä.

fốtĭz | d. h. fốốtĭz |
flốdŭz | , d. h. flốốdŭz | } = dốmĭ|dä d. h. dốốmĭ|dä.

némämĭz | , bĭndämĭz | , dágämĭz | = ahd. hnáffäzĭ|tä.

Als gemeinschaftliches resultat der entwickelungsreihe ergibt sich dadurch, dass der durch eine unbetonte silbe oder
ein analogon derselben vom hochton (acut) getrennte vocal
fällt, der unmittelbar nach dem hochton (acut) stehende bleibt.
Dass die syncope in zweisilbigen wörtern mit langer stammsilbe (und ebenso die in ähnlichen dreisilbigen wörtern mit
nebenaccent auf der dritten) erst später auftritt als die in ursprünglich dreisilbigen, ist durch den relativ späten eintritt des
circumflexes der stammsilben bedingt. Auch die entwickelung
der viersilbigen wörter beurteilt sich leicht von diesen gesichtspunkten aus, die wenigstens eine möglichkeit andeuten, die
masse der syncopierungserscheinungen einem einheitlichen princip unterzuordnen, wenn ich auch gern zugebe, dass die theo-
retische erörterung noch viel zweifelhaftes im zusammenhang
zu erwägen haben wird, ehe man mit grösserer zuversicht
hierüber ein bleibendes urteil wird fällen können. Das factische
dieser erscheinungen aber hoffe ich in seinen wesentlichsten
zügen ausser zweifel gestellt zu haben.

NACHTRAG.

Als ich die vorstehenden ausführungen niederschrieb, war
mir entgangen, dass sich aus dem von Thomsen gesammelten
materiale germanischer lehnwörter in den finnisch-lappischen
sprachen noch einige weitere bestätigungen für die vorgetragenen aufstellungen gewinnen lassen. So erweist sich z. b.

altn. *styrr* ausser durch seine lautform (umlaut, s. 114) auch durch
die vergleichung von lapp. *sturje* als alter *ja*-stamm, Thomsen
s. 93. Zu s. 128 anm. sind lapp. *avje, duögje* = got. *havi, táui*
nachzutragen; auch diese sind nur auf eine germ. nominativform **hauja, *tô(v)ja* zurückzuführen. Sodann aber zeigt sich
der oben theoretisch angesetzte unterschied der suffixe *ja* und
ia tatsächlich in den lehnwörtern: vgl. finn. *agjo* = altn. *egg*,
finn. *patja* = altn. *beðr*, finn. *teljo* = altn. *þilja*, finn. *varjo*
= altn. *verja*, finn. *vitja* = altn. *við*, lapp. *sivjug* = altn. *sif-
jungr*, lapp. *sturje* = altn. *styrr*; aber finn. *autia* = got. *auþs*,
hartio = altn. *herðar*, finn. *kallio* = altn. *hella*, finn. *kaltio* =
altn. *kelda*, finn. *kammio* = altn. *skemma*, finn. *lantio* = altn.
lend, finn. *tunkio* = altn. *dyngja*, finn. *vartia* = got. *vardja*;
nach vocalen erscheint natürlich *j*: lapp. *avje* = altn. *hey*,
lapp. *duögje* = got. *táui*, lapp. *uvje* = altn. *hý*; freilich heisst
es auch ausnahmsweise finn. *akkio* = altn. *ekja* (von Thomsen
s. 129 nicht als sichere vergleichung angesehen), *lattia, laattia*
= altn. *flet*, und *kirkko* = altn. *kirkja*. Thomsen folgert
hieraus selbst s. 93 anm. 2 bereits vermutungsweise, 'dass
vielleicht der unterschied im germanischen einmal ein ähnlicher gewesen sei wie im finnischen, nämlich dass der stammauslaut nur nach einer kurzen wurzelsilbe -*ja*- war, sonst aber
-*ia*-.' Hiernach scheint es allerdings, als ob die betreffende
scheidung im finnischen nicht volle beweiskraft habe, da sie
eventuell durch speciell finnische lautgesetze erklärt werden
kann; aber im zusammenhang wird man doch das argument
mit herbeiziehen dürfen. Vielleicht darf man auf die ausnahme *kirkko* = altn. *kirkja* gewicht legen. Dies wort muss
ja relativ spät entlehnt sein; damals war vielleicht *kirkja* bereits zweisilbig, und das *j* fiel nach langer stammsilbe resp.
nach zwei consonanten aus, da das finnische ein *j* in solcher
stellung nicht duldet. Wenn diese vermutung richtig ist, so
gewinnen natürlich die wirklich alten entlehnungen erhöhte
bedeutung.

Halle, Druck von E. Karras.